民芸とMin・gei

尾久彰三
ogyu shinzo
〈写真〉大屋孝雄

晶文社

写真　大屋孝雄
装丁・レイアウト　矢萩多聞

民芸とMingei　もくじ

1章　民芸

2章 Mingei

まえがき

この本の題名、『民芸とMingei』を眼にされた方は、きっと何やら、意味有げに思われたでしょう。

その第六感は当りです。これは私が何かの本に、「今や民芸は、MINGEIと発音すれば、世界中の人が了解する世界語になった。」と書いた文を、印象的に捕えた編集氏が、そこから想像の翼を広げ、この本が第1章に古作の民芸品を、そして、第2章に新作の民芸?品を取り上げて、それぞれ文を綴っているのを、際立たせるために、考えついた題名だからです。

でも、それなら『民芸・赤と黒』、『民芸・罪と罰』とか、何とかかんとかでも済むではないかと、思われる方もおられるかもしれません。が、確かに民芸と、Mingeiの対比は、良い加減で、これ以上のものは無いと、私には思われるのです。

ただ残念ながら、私の力不足で、第2章の新作の作り手の人数が少なくて、文の量に物足りなさも感じられます。これは編集氏の、本の題名にかける意気込みを、初めの頃よく理解出来なかった私が、第1章は、静岡県社会人体育文化協会に依頼されて、協会が発行する〝体文協ニュース「とも（TOMO）」〟に、私がこれまで連載してきた、短い古民芸についての記事を載せ、第2章を、書き下ろしの、長い古民芸や骨董のそれを、掲載すれば良いのだろうと思って、新作の作り手についてでは、何の準備もしてなかった私の所為《せい》なのです。

私はある日、編集氏に「それじゃ本にならない」と、懇懇と説教され、その意を肝に銘じました。そして、何とか第2章に、新作の作り手の、人と物について、本になる量の文を書きました。多少あわてて書いたので、皆さん古くからの付き合いの方になりましたが……。

もし、この本を読んで、少しでも面白い、なるほど、可愛い、美しい、欲しい等と、思って下さる方がおられたら、望外の幸福です。

尾久彰三

1章

民芸

冬ナクバ　春ナキニ

ふゆなくば　はるなきに——

まっすぐ心に届く、柳宗悦の書

正月からある新聞で、私の手元に寄り添って、私に美という真理を覚《さと》してくれた物達を、紹介することになったが、実のところ、その依頼を受けたのは年末で、原稿〆切五日前だった。従って私は、人間でいえば家の表札や、店の看板にあたる表題も決められずに筆をとることになった。

読者は表題なんて、どうでもよいだろうに、と思われるかもしれないが、書く方はそう簡単にはいかない。一回きりの紹介なら、適当に物を一点選んで、何か書けばそれで済むが、少くとも一年、十二回は続けなければと考える者には、道を踏み誤らない為の道標、即ち表題が必要なのである……。

冬ナクバ
春ナキニ
京悦

さて、そんな愚痴を心にしまって、首の座わらない赤子を抱く様な気持で、何物かを紹介する羽目になった私は、開き直って初回が正月である事に救いを求めることにした。というのは、地球温暖化で、日本も暖かくなったと言われるが、日本の正月は寒い冬で、北部や日本海側の地には雪が降り、太平洋側の地には冷たい北風が吹く。そして、人々の凍付《いてつ》いた心は、暖かい春を焦《こ》がれる。私はそんな正月を思い、こんな折にこそ紹介したい品を持っていることに、気付いたのである。

前頁がそれで、「冬ナクバ　春ナキニ」と、柳宗悦が認《したた》めた書である。私の畏敬する柳先生は、この詞を次の様に説いておられる。

「花は春の光を受けて咲き乱れるが、それには準備の時があるのである。冬なくして春が来るのではなく、冬こそ春を招く因なのである。」「人生のこと、またこの法を離れてはあるまい。暗さこそ光をつつみ、悲しみこそ嬉びを含む。否、これらの二つは、元来は二つのものではあるまい。」と。

私はこの書を、苦しみの最中《さなか》に居る全ての人の眼にささげたい。

鶴文夜着《つるもんよぎ》——

明治の頃、嫁入り道具としてもたされた夜着

二〇一一年の十月半ばに、三・一一東日本大震災で、津波に襲われた三陸地方の神社を見舞ってきた。と言うのは、その前年の十月末に、私は友人と共に、三陸沿岸の神社に代々伝わる御幣《ごへい》や、切子《きりこ》や、網飾《あみかざ》りの調査をしていたからである。

その調査の折、訪ねたのは、福島県二本松、宮城県南三陸町、同気仙沼、岩手県江刺等々にある大小の神社で、南三陸町の志津川から車で七、八分の、波伝谷《はでんや》という里の、海岸縁《べり》の民宿に泊って、一週間毎日、そこから車で出かけたのである。

しかし、このたびの見舞は、調査主宰者の友人が、かつて釜石や、大船渡や、陸前高田や、女川《おながわ》や、石巻等々の、海沿《ぞ》いの町にある神社の調査もしていたので、それこそ震災被害を受けたほとんど全域を、車でひた走りに走ってすることになった。

七ヶ月ぶりに接した大小の町は、テレビで多少見慣れた目にとっても、ショッキングだった。町の光景は、アメリカ軍の空襲で、壊滅した街の風景に重なって観えた。そして、車を降りては、言葉を失った私達は、しばらく茫然と佇み、瓦礫の上でオロオロするばかりだった……。

左頁はそんな旅の途中に、お見舞と心の癒しを兼ねて立寄った、花巻市の旧知の骨董店で求めた筒描き染である。鶴と折鶴と梅花を添えた笹竹を描く、明治時代の夜着《よぎ》である。近在の村長をした家からの初出品《うぶだしひん》で、今は亡きお婆さんの、嫁入り道具だったそうである。私はこの夜着を見た瞬間、飛翔する大鶴の姿に、見舞った神主さん達の前向きの姿勢を観じ、東日本の復興は必ず成ると、確信したのである。頑張れ東北。

産地不明だったが、左頁のおかげで花巻と知れた夜着。裾は貝尽し文。

袖樽《そでだる》

大きな家紋が付された、お祝や祭の席に使われる道具

私は神奈川県相模原市緑区小原《おばら》という、山あいの里に住んでいる。数年前の住所は津久井郡相模湖町小原だったのだが、相模原市が政令指定都市になるので、相模湖町も合併を、となりすったもんだの末、現在の様になったのである。市になってみると、全国何所《どこ》にでもある緑区という、個性の無い呼び名を付けられ、役場はコンピューター置き場と化して、人の気配の乏しい出張所になり下がった。そして、以前は森と湖の町と言って、多少誇らしげにしていた人達も、近頃は小原という甲州街道沿いの、かっての宿場に残る本陣を、住民存在の寄り所にして、小原宿の面影を僅《わずか》に留《とどめ》る二町半程（約二五〇メートル）の街並を、ライトアップしたり、その短

い距離を練り歩く大名行列を行ったりして、何とか山あいの里のアイデンティティを保とうと必死である。

さて、そんな小原の活性化を考えるグループから、私は一月の末に、本陣の傍《そば》にある「小原の郷」という小施設で、古民芸品を展示して欲しいと頼まれたのである。私はこの里に来て三十年になるが、ようやく住民として認知された思いから、喜んで二月二十三日のオープンを目差し、展示することにした。そして、染物十、織物二、焼物十六、漆器四、絵馬一の、計三十三点の古民芸品を、思いつくまま並べた。その結果、物の方から並びに来てくれたか、と思う程うまく並んだ。そこで私は、愛する小原の里を大いに吹聴したくなり、この紙面を借りることにした。

写真は酒を入れる一対の容器で、着物の袖の様なものを持つことから袖樽《そでだる》といわれる。慶事や祭の酒をふるまう時に使う為、胴の両側に家や町の紋が付けられる。それが袖樽に美を供《そな》える。明治期の作。余談だが、会場には前項で紹介した鶴文夜着も並んでいる。

りちょうのゆぎ——

李朝の鍮器

たしなむ程度、ちょうどよい量が入る真鍮の注器

私は三年前の七月末に、脳梗塞を患った。幸い症状は軽く、十一日間の入院で済んだ。後遺症も、唾《つば》を呑み込むとき、喉の奥に支《つか》える感じがして、多少不愉快な思いをするぐらいのことだった。

でも、退院後は半年に一度、MRIを受診することが義務づけられた。頭に電磁波を当てて、脳の写真を撮るのである。今迄数回撮ったが、新たな異常は発見されなかった。ところが本年の、誕生日の三月二十二日に検査したら、脳底動脈という太い血管内の一部に、瘤《こぶ》状の盛り上がりがあり、血管を狭《せば》めているのが分かった。動脈硬化の兆候である。

私は脳内写真を見せて、深刻な表情で説明する若い医師の顔を窺《うかが》いながら、かなりのショックを受けた。そして、癌宣告で余命を聞かされた患者の様に、かなり狼狽《うろた》えた……。

それ以後、酒をひかえた。しかし、息子をはじめ数人の親しい医師に、写真コピーを見せて、症状の様子を聞くと、人間の身体は良くしたもので、狭まっている血管に代わって、他の血管が働くようになるから、それほど心配しなくても良いと

いう意見だ。ついでに酒のことも尋ねると、急にやめるよりは、一合くらいの晩酌なら……、とのことだった。

酒呑みは卑しいもので、すっかり元気になった私は、お医者さん達の勧めで、従来の徳利に代わって、一合少々が入る徳利を探すことになった。

そして、一ヶ月程前、青山の骨董店梨洞に立ち寄ると、把手《とって》の付いた、韓国で鍮《ゆ》器《ぎ》と呼ばれる真鍮製の注器が、眼に入った。手に取って繁繁《しげしげ》見ると、細く薄い把手や、把手を固定する為の、小さなスライド金具や、注ぎ口や、それに被《かぶ》せる蓋《ふた》などの仕事が、とても美事《みごと》である。これこそ確かな、李朝の仕事だ。しかもピッタシ酒一合が入る。そう思った瞬間に、私は言っていた。買った!! と。

岩手県一ノ関市千厩町奥玉の旧家の神棚。

御幣、切子、網飾り

ごへい、きりこ、あみかざり——

折ったり、切ったり、畳んだり。神主さんたちの紙技

「鶴文夜着」を紹介した際、「東日本大震災で壊滅的被害を被った、三陸地方に伝わる御幣《ごへい》や、切子《きりこ》や、網飾《あみかざ》りの調査をした御縁で、その折お世話になった神社を、幾つか見舞ってきた」と書いたら、読者から、御幣は分かるが、切子や網飾りというのは、どんな物か？　という質問がきた。そこで、それが一目瞭然となる写真を掲載し、簡単に説明することにした。

前頁の写真は岩手県一ノ関市千厩《ちまや》町奥玉の、二百年前に建てられた旧家の神棚を写したものである。藁屋根から下がる何本もの紐状の品が「網飾り」、中央の三本の紙垂《かみだ》れが「御幣」、下部の鴨居に貼られた、吉祥文様を切った数枚の半紙が「切子」と呼ばれるものである。

御覧のとおり三つの品は、紙を折ったり、切ったりして作られている。作った人は町や村の、神主さんである。御幣や切子は、多少姿を変えても、日本全国で見ることが出来る。しかし、網飾りは、三・一一地震で大津波に襲われた、宮城県北部と岩手県の海沿いの市町村、並びに、その近隣の内陸部だけに見られるものである。

一枚の紙を使って作る網飾りは、魚網に沢山の魚が入っている様《さま》を示すのが基本だが、大型のそれになると、米俵や升《ます》や扇や大判小判の銭等の、富を象徴する品々も、網の中に入れ込むのである……。

とにかく三種の紙の品は、今度被害を受けた三陸地方の神主さん達が、代々受け継いで、折々に洗練させてきた尊い技芸の表現といえる。この技芸が正月になると、三陸の神社の氏子達の神棚を荘厳《そうごん》し、神と結ばれた素朴な祈りの文化を、三陸の地に育《はぐく》んできたのである。この麗しい民衆の文化を失わないためにも、私は東日本の早期復興を、為政者達に訴えたく思う。

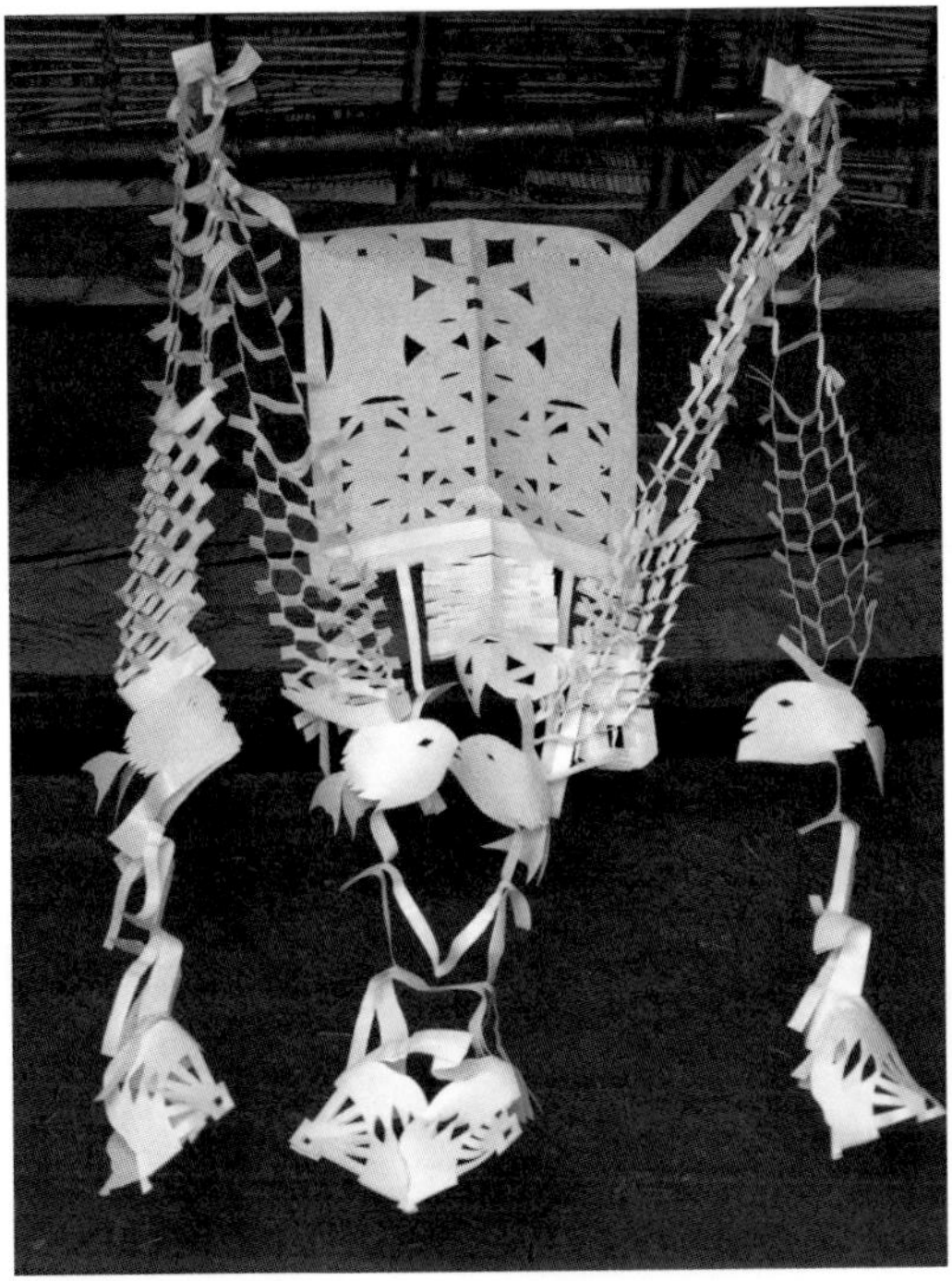

宮城県登米市のまめから稲荷神社の網飾り。

埴輪・唄う巫女

はにわ・うたうみこ

古人の美声を、眼で聞いて欲しい

装幀家の女性の友人が、長野県千曲市森の、〝杏《あんず》の里〟にある板画館《はんがかん》で、これ迄やった仕事の、展覧会をするというので、五月初めに、女房殿運転の車で見に行った。

長野自動車道の、更埴《こうしょく》JCTで降りて、杏の里に向って少し行くと、道沿いの山の天辺《てっぺん》に古墳が見えた。森将軍塚古墳だ。

私は十七年前に、版画家の友人が開設した板画館の開館式に出席した折、その古墳地域を公園にする為の整地作業が、真最中だったのを思い出した。

今はすっかり整った、その地域の変貌ぶりに、興味を持った私は車を停め、「森将軍塚古墳館」と記した看板を掲げる建物に入ってみた。受付

嬢に、「古墳は見れるの？」と尋ねると、山頂迄片道二十分歩けば見れるとの返事。迷ってると、「見学バスで往復すれば、三十分で大大丈です。二、三分したらバスが来ますよ‼」とのこと。私は四百円のバス往復券を買って、古墳を見に行くことにした。

八分ほどして、山頂に築かれた古墳上に佇《たたず》んだ。森地籍にある偉い人のお墓、という意を持つ森将軍塚古墳は、発掘調査に基づいて、正確に復原した全長約一〇〇メートルの、前方後円墳《えんぷんちょう》である。千六百年前に科野《しなの》の国を治めていた豪族の墓で、山の天辺の円墳頂《えんぷんちょう》の中央に設けた竪穴式石室に埋葬された王は、死後も眼下に広がる千曲川沿いの村落の、安寧を見守ってきたのである。

私は小石で整えられた石室の上に立って、遥《はるか》昔に想いを馳せた。そして、森将軍塚古墳のスケールの大きい事に改めて感心し、これを造った古《いにしへ》の科野人達に、尊崇の念を抱《いだ》いた……。

そんなわけで、今回は私が歌を唄う女性《ひと》と言っている埴輪《はにわ》（高一七・五センチ）を紹介し、古人達を讃えることにした。口中に舌を細工して、唄うことが仕事の、巫《み》女《こ》を表した珍品である。古人の美声を、眼で聞いて、歓んでいただけたら嬉しい。

OJ人形《おーじぇいにんぎょう》

占領国日本を彩る、つつましく美しきレディ

二ヶ月ほど前、「オキュパイド・ジャパン」展を行う旨の案内葉書を、ギャラリーからもらったが、昔から英語が、からっきしダメな私は、何のことやら珍紛漢紛《ちんぷんかんぷん》だった。

でも、副題に「海を渡った陶器たち」とあり、人形の写真と、それに添えた文章があったので、恥ずかしながら、未知の言葉〝オキュパイド〟の意味が分かるかも、と思い私はその文を読んでみた。

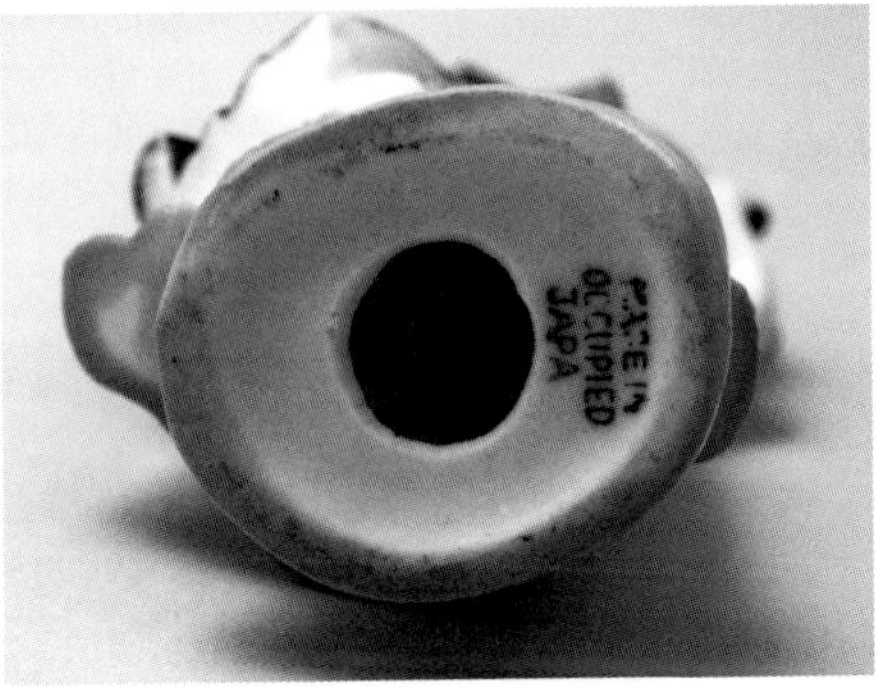

「第2次大戦後、日本は連合国の占領下に置かれました。政治経済が統制されましたが、多くの日本人たちは戦争が終わったことを喜び、厳しい生活状況下にもかかわらず、再び物つくりへの力強い歩みを開始しました。ただ1947年から52年の間に作られた輸出品には、占領国日本『オキュパイドジャパン』と印字されることが義務づけられました。この5年間に輸出された品々は『ＯＪ』と呼ばれます。云々」

なるほど、オキュパイドとは占領した、あるいは占領されたという意味なのだ!! そして、太平洋戦争で敗けた日本は、連合国軍によって、占領国日本と名乗らされたのだ!! 私はオキュパイドの意味を知ると同時に、我が愛する日本が、自らを占領日本国と名乗って、僅な外貨を得る為に、小さな焼物の人形を、海外に輸出していたことを知った。それも、私が生れた年から五年間も……。

さて、写真は展覧会場に並んでいた里帰り人形（高一四・五センチ）の一つである。私は色々な意味で、日本人が忘れてはいけないこと、例えば、敗戦国とは美名で、本当は占領国と認識すべきことや、日本復興の礎《いしずえ》に、人形や多くの輸出・日用品にみる、ささやかな家内工業的物作りの力があったこと等を、この物言わぬ人形に教わった。それ以来、私はこの鏡に見入るレディを、歴史の家庭教師と観じて、尊敬しているのである。

李朝白磁盃《りちょうはくじはい》

なんともおおらかな
李朝の盃で、
ゆったりと今日も飲む

二〇一二年NHKのBSプレミアムで放映する「温故希林」の、韓国編を製作する為、七月二十四日から八月四日迄、韓国に行ってきた。

この夏は腹が立つぐらい日本は暑かったが、滞在していた間の韓国も、観測以来の暑さとかで、連日ニュースになる程だった。そんな中、私達はソウルと、ソウルから自動車で三時間南へ下る街、安東《アンドン》で撮影を行った。

ソウルでは韓国の代表的な骨董街がある踏十里《タプシムニ》と仁寺洞《インサドン》を訪ねた。そこで前回の日本編と同様、樹木希林さんと私は、眼を皿の様にして、真贋入り混じる骨董の山から、焼物や膳や家具や手芸品等々の、掘り出し物を探した。そして、最後に李朝白磁の極みと言われる、タルハンアリ（満月壺）を観に、国立中央博物館へ行った。

次いで、例によって着物に興味を持つ希林さんは、韓国女性の盛装であるチマチョゴリに関心を移し、昨今では婚礼衣装としての需要程度だという話をたよりに、婚礼用品の専門店が集まる東大門市場《トンデムンシジャン》へ行く。そして、市場の女店主から、チマチョゴリに係る様々な装《よそお》いの話を聞かされ、二人は各々の道の女性プロを尋ね、炎天下を歩き回る羽目になる。

最後に李朝文化を支えたのは、両班《ヤンバン》だと聞いた二人は、かつての両班の末裔達が、今も安東の河回村《ハフェマウル》に住んで、李朝文化を伝えているという情報をつかみ、車で三時間も揺られて、その村を訪ねるのであった……。

この様な三ブロックの話を、十月二十四、五、六日の連夜、七時半から八時まで、ＮＨＫ・ＢＳプレミアムで放映したのが、「温故希林」韓国編である。

三三頁の写真はその撮影の合間に、仁寺洞の骨董店で入手した李朝の白磁盃（径一〇センチ）である。轆轤《ろくろ》のゆったりした調子が好きで、帰国してからこれで飲んでは、希林さんと私の緩《ゆる》キャラぶりを思い出して、苦笑している次第である。

粉青沙器注器《ふんせいさきちゅうき》

もとは水を容れる容器を酒器として愛用する

前項で、脳底動脈の一部に瘤状の盛り上がりが見つかり、それが血管を狭めていることから、晩酌用の徳利を、小さな物に変えたことを書いたが、本項でも、その後《あと》に気付いて、使い始めた徳利を紹介する。

三七頁がその小徳利で、朝鮮の粉青沙器《ふんせいさき》（高八・八センチ）である。朝鮮王朝時代（李朝）の、一五〇〇年代末《すえ》の作と考えられる。朝鮮では陶器のことを、粉青沙器というのだが、もちろんこの粉青沙器は、酒を容れる徳利ではない。恐らく文字や絵を描く時、絵具や墨を溶《と》く水を注ぐのに使った注器と思われる。あるいは、女性が唇《くちびる》に紅を差す際、紅を溶く水容れに使ったかもしれない。はたまた髪に着ける香油を注ぐのに使ったかもしれない。いずれにしても、身近に置かれて、人々に愛玩された注器である。この愛すべき注器を私は、物の美が分かる具眼の士として、大いに尊敬している絵描の先生から頂戴したのである。

それは三年前の五月末のことで、日本民藝館退職記念に、私の身の回りに集まってくれた物達を、横浜のそごう美術館で、披露する考えで行った展覧会を、自分のことのように喜んで下さった先生が、「記念に貰ってくれたら嬉しい。もとより把手は欠損しているが、漏らないから、一輪挿しにでも……」と言って下さったのである。

私はこの注器を納めた桐箱の佇《たたずまい》で、先生がこの粉青沙器をどんなに愛しておられるか、よく分かった。そして、勿体なくて、それからずっと、大切に仕舞っていた。

が、今度、命の水を容れる器のことを考えていて、脳裏にこれが浮かんだのである。私は桐箱から取り出して、極上の冷酒を容れた。ピッタリ一合が入った。盃に注いでみた。酒はゆっくりと細い放物線を描いて、李朝の盃に満ちた。有難さに私は涙した……。

鉄釉小土瓶《てつゆうしょうどびん》——

遠い日には土瓶として使われていたものを酒の容れ物に

今回紹介するのは、小鹿田《おんた》焼の土瓶である。胴径一一センチ、高さ八センチと小ぶりの品だが、私は先ずそのサイズに惚れた。次いでその小さなボディを被《おお》う、鉄釉の発色の美しさに魅了され、これを買い求めることにしたのである。

求めたのは信州松本の、市内を流れる女鳥羽川《めとばがわ》と松本城の間にある古民芸店、古《こ》知野屋《ちのや》で、九月初めのことだった。

私は五年前に出来たこの店の、女主人の眼を高く買っており、松本を訪ねると、必らず寄ることにしているのである。そして、有難いことにこの店の隣が、日本一の蕎麦を出すことで、蕎麦通には夙《つと》に知れわたっている名店「三城《さんじろ》」で、私は古知野屋で美しい物を見た後、三城で最高の蕎麦を食して、大満足のうちに松本を去るのが常なのである。
話は逸《そ》れたが、それにしても九州は大分県の、山あいの焼物の郷《さと》、小鹿田で造られたこの小土瓶は、一体どんな縁で、はるばる松本まで来たのだろう……。私の観るところでは、若くても昭和初め頃の作である。ひょっとしたら明治、大正の作かもしれない。それほどの古格を持つ、民芸の逸品といえる。

こんな民衆の日常生活で多用され、百年？ も生き存《なが》えた小土瓶が、山岳都市松本の、古玩店の棚の隅で、次に愛でてくれる誰かの眼を、小さくなって待っていたとは……。実に不思議で、神秘的なことだ。

私はこの小さな土瓶を、我が家に持ち帰ってから、お茶ならぬ、お酒を入れて愛でている。そして、嬉しいことに、私に許された一合程の酒が、誠に具合良く入ってくれるお陰で、文字どおり美酒に酔いながら、秋の夜長を楽しんでいる。

ノルマンディのジャグ《のるまんでぃのじゃぐ》

五百年もの昔、フランスの片田舎で使われていた雑器

　四月の末に、麻布十番で小さなギャラリーを営む友人から、「花の器展」を行うという案内葉書をもらった。

　私は器も好きだが、花も大好きなので、わくわくして開催初日の昼すぎ、ギャラリーを訪ねた。狭い店内に入ると、棚に色々の器が並んでいた。それぞれに、花を差して……。

器は日本の御深井《おふけ》角瓶、猿投《さなげ》徳利、越前お歯黒壺、信楽《しがらき》種壺、伊万里小壺、丹波丸太こうし徳利。朝鮮の李朝白磁徳利、同小壺、鶏龍山《けいりゅうざん》徳利。西洋は、オランダのデルフト白釉化粧入れ、同菓子型、小壺、酒ボトル、染付薬瓶、色絵盃。ドイツのエナメル彩色《さいしょく》ガラス瓶、焼締《やきしめ》ジョッキー。イギリスの炻器《せっき》ジャグ、ワイン用ガラス瓶。イタリアのローマ時代鉛製蓋物や中世ヨーロッパの木製燭台残欠。等々である。

これらの器の姿を、頭に幾つか浮かべ、眼前に可憐な花を活けられた方は、骨董がお好きな、達人と認めます。

つまらぬことを言いました。が、とにかく私は、花器ならぬ花器と挿花を、十二分に楽しんで、gallery uchiumiを出ることになった。もちろん、手に小さな包を下げて……。

さて、写真がその折の、包の中身である。フランスのノルマンディで、十五世紀に焼成された、高さ一四センチのジャグ（ピッチャー）である。発泡酒（シャンパン）を容れる為の器だという。焼締陶のように見えるが、長い時間が器体の釉薬を、剥《はく》離《り》させたのである。でも、器の内側には、底から首の下辺りまで、釉薬がしっかり張り付いており、薄い黄色の衣を纏《まと》っていた事が知れるのである。五百年以上も前の、フランスの片田舎で、こんな洒落た姿のジャグを造って、食卓に供していたことを思うと、さすがフランスと喝采したくなるというものだろう。因みに私は、帰宅後、梔子《くちなし》を差して楽しんだ。

英国ガラス酒瓶《えいこくがらすさかびん》

古くからの知人の愛蔵品。思い出と心を譲り受ける

二〇一二年、十一月の十五日から二十一日まで、九州の大分と長崎へ行ってきた。大分行は、三歳になる双子の孫が、七五三のお宮まいりをするので。長崎行は、友人が開いたカレーとコーヒーの店を、見学する為であった。そんな目的の旅だったが、その結果、私の手に一つの品が、もたらされたので紹介する。

というのは、大分から別府へ出て、高速バスで別府から長崎へ向い、夕方友人の店に入った私は、一服する間もなく、一週間前に荒木英雄氏が、亡くなられたと聞かされたからである。

長崎民芸協会長の荒木氏は、古民芸品が大好きで、私とは互いに入手した品を前に、忌憚《きたん》のない意見を交わす仲だった。

友人は吃驚《びっくり》してる私に、「実は今、荒木氏の骨董品の跡始末で困っている。明日の夜、残された品物の評価を、荒木氏の家でやってくれないか」と言った。

翌日、線香をあげるつもりで、生涯独身を貫いた荒木氏の家へ行った。主人を失った家は、闇の中で静まり返っていた。電気を点けると、荒木氏が愛した物達が、あちこちで浮かび上がった。柳(宗悦)さんに影響されて、精一杯眼を働かせた結果が、所在なげに並んでいる。見覚えのある品もあった。なつかしさで胸が一杯になった。私はそれらの物達を前にして、評価などとても出来ないと思った……。

写真は、荒木氏が愛した古民芸品である。処分をまかされた友人が、形見のつもりで好きな物を持っていってくれ。君の眼に叶《かな》えば、荒木氏も本望だろう。と言って選ばせてくれた物である。イギリスの十八世紀の酒瓶(高二一センチ)である。土中から掘り出されたのか、底は虹色に美しく銀化している。端整な姿が、同種の瓶の中でも抜群に良《い》い逸品だ。私はこれで荒木氏を偲ぶことに決め、家に持ち帰ることにした。

エクアドルの土偶《えくあどるのどぐう》

アンデスの山奥から
やってきた
おかっぱ頭のかわいい人

　左頁の写真は南米、エクアドルの土人形（高六・八センチ）である。これを紹介するのは、民芸美の特徴の一つである「親しさ」を表わす品として、大屋孝雄カメラマンに撮影してもらったからである。と言っても、読者は珍粉漢粉だろう……。

　きちんと説明すると、二〇一二年の末に朝日新聞から、「4《よん》で知るアート」という夕刊のコラム欄に、民芸の美について四回連載で、何か書くこと

メキシコの神官像。ティオティワカン文化の品(3〜6世紀)。高7センチ。

を依頼されたのが、抑々《そもそも》の発端と言える。そして、私は考えた末に、民芸美を代表する「用・親しさ・健康・無事」の、四つの美について書くことにして、その美を一目瞭然で理解してもらえる民芸品四点を選んで、大屋氏に撮影してもらったのである。

そこで「親しさの美」のことになるのだが、初めは日本の木喰仏《もくじきぶつ》のように、眺めるだけで微笑を誘って、誰もが親しみを覚える民間仏をと考えたのだが、四点の品で〝世界の民芸〟といったことも示したくて、結局エクアドルの土人形を撮ってもらったのである。

ところが出来あがった文が、可愛い土人形に似《そぐ》わないものになり、急遽ドイツのエナメル彩のガラス瓶に変えたのである。

そんなわけで、宙に浮いたエクアドルの人形の写真を、どこかで使う責務を負った私は、ここで掲載することにした次第である。

エクアドルは、メキシコ南部やグァテマラ等の中米メソアメリカと、南米のペルーを中心とする中央アンデスを繋《つな》ぐ、中間地域の南部に位置し、先史時代から優れた文化を育んだ国である。それを証明するのが、紀元前三千〜二千年に造られたとされる写真の土人形である。おかっぱ頭の可愛い妊婦で、バルディビア地方から出土したので、バルディビア文化と名付けられた古代文化を、代表する品とされ、一九五六年頃から脚光を浴び始めた土人形である。髪や顔の様子を見て、親しさを感じない人はいないと思うが如何《いかが》？

東北の土人形《とうほくのつちにんぎょう》

ネット通販で我が家にやってきた江戸時代の人形たち

三月も三日の雛祭は、とっくに過ぎた。女の子を持つ家は、婚期を逸するのを恐れて、此の春も早々にお雛様を片したことだろう。従って、ちょっと間が抜けた気もするが、正月に江戸の土人形を入手したので、本項で紹介させてもらうことにした。

四九頁の二体の土人形は、東北の花巻人形（高一七・三センチ）と相良《さがら》人形（高一一センチ）である。江戸時代の後期に、今日《こんにち》の岩手県花巻市と山形県米沢市で、製作されたものである。郷土人形に関心のある方なら、写真を見れば、あれが花巻、これが相良と一目瞭然だが、近頃では土地の人でも分からないのが現実である。一応説明すると、両手に丸い花笠を持ち、小首を傾《かし》げて片足立ちで踊っている女性像が花巻人形。赤い着物を着て、小犬を抱く少年像が相良人形である。二体とも、東北を代表する民衆芸術と言っても過言でない、優れた作品になっている。

この美しい人形を、私は友人の千葉惣次氏を通じて購入した。千葉氏は千葉県の芝原《しばら》で、四代目芝原人形師を名乗って、芝原人形を製作している。彼は優れた人形を造るには、先ず古い人形を知らねばと、若い時から全国の古作人形の蒐集を始め、今は名実共に日本有数の人形蒐集家としても知られている。

その千葉氏は、最近骨董のネット販売にはまり、優れた人形が出ると、幾ら迄の値で競り落としてあげようと、親切？にも小生に電話してくるのである。私も千葉氏も、ちょっと前まで「ネットで骨董が買えるか!!」と言って、ネットおたく達を蔑《さげす》んでいたのに……である。

そんなわけで、最近私の回りに、昔から考えると信じられない安値の、美しい人形達が集まってくるのである。今度写真紹介した土人形も、私か千葉氏か良く分からないが、どちらかを慕って、やってきた可愛い人形なのである。

続々集合する江戸期の人形達。

スレート《すれーと》

東京駅の屋根にも使われている、震災を経て残った硯石

孫が息子夫婦とディズニーランドへ行くというので、同行することにした。夜のパレードが一番の見ものだからと、近くのホテルに宿泊し、翌朝、私と女房は東京駅へ行くことにした。というのは、来年の東京駅開設百年を記念し、進行していた東京駅丸の内駅舎の復元が完成したと、テレビニュースが伝えて以来ずっと、そこを見学したいと考えていたからである。

幸い東京駅は、ディズニーランドの最寄り駅

から近い。こんな折でないと、実行に移すといった心の余裕も、生じ難いだろうと思った二人は、お上りさん気分で東京駅丸の内駅舎の、ドームを仰ぐ広場に向った。『東京駅の誕生から百年』を説明するパネルが、広場の壁面に何枚も貼ってあった。その中の一枚に、「中央停車場（東京駅）は、ドイツ人技師バルツァーの基本計画を元に唐津藩出身の工学博士・辰野金吾の設計により、明治41年に着工しました。三菱ケ原と呼ばれた広大な土地に、基礎の松丸太を打ち込み、鉄骨を組み、埼玉県産のレンガや宮城県産のスレートなどを用いました。そして近代国家として目覚しい発展を遂げた日本の首都・東京の玄関にふさわしい建物が6年の歳月をかけて完成し、大正3年12月20日に開業しました。云々」と書いてあった。

私は宮城県産のスレートという文字を見て、それを所持しているのを思い出した。右頁がその品（左・縦二二、横一五センチ）で、二年半程前に南三陸町を旅した時、入手したものである。その折、この石は宮城県雄勝町で採れる硯石《すずりいし》で、このように薄く剥いだスレートは、高級瓦に用い、東京駅でも使われたと聞いたが、パネルの文はそれを指しているのだ……。私はこのスレートを、入手後にその地を襲った津波や、人間との様々な係りから、単なる石ではなく、波瀾万丈のドラマを語る、命ある霊石として観ているのである。

マタギの持ち物

またぎのもちもの

大

神がかった美が宿る、山で生きる人の道具

東北の土人形を、ネットで落札してくれた千葉さんから、三月の初めにまた連絡が入った。今度は人形でなく、青森辺《あた》りで作られた伊達《だて》げらの良品が、ネットに出ているとのことだ。千葉さんは人形蒐集家として有名なのだが、民具に関しても希代の眼利《めき》きで、私は昔から千葉さんの民具コレクションも、畏敬の念を持って見てきた。

話は逸《そ》れるが、柳宗悦は民芸と民具の違いについて、数多《あまた》ある民具の中から、美を規準に選び抜いた品を、民芸と呼ぶと説いている。

千葉さんの民具コレクションは、そういった意味では民芸コレクションと言えるのだが、千葉さんの場合、特に美しい民具（即ち民芸）でも、発見時に物がまとっている塵やほこりを払拭《ふっしょく》することなく、それ有っての美であるとして、世間でいう護《ご》美《み》をも鑑賞の範疇に入れ、物全体の美を認識しようとするのである。その様に、柳が及ばなかった独得の見方をする千葉さんだから、当人も私も、その選んだ品々をストレートに民芸とは言いづらく、ずっと民具コレクションと言ってきた。たとえ本当はその見方を、柳の民芸観を一歩推し進める優れた観方と、思っているにして

でもである。

さて、その千葉さんが、自信を持って推奨してきた伊達げらだが、結局私は、彼のへたな物品説明を電話で聞き、二万円くらいまでなら落札して欲しいと依頼することにした。

その結果、三月中旬、伊達げらが入った荷物が、我が家に送られてきた。私は荷を開けながら、柳宗悦先生が生きておられたら、やはり千葉さんの様に、骨董のネット販売にはまって、毎日のようにアクセスをしておられたかもなぁと思った……。

五二頁はその折の品である。近年入手困難な美しい伊達げらである。縦一一四センチ、横五五センチの品物で、青森や秋田辺《あた》りで「伊達げら」とか、「織げら」と言われていた蓑《みの》である。

げらはけらの濁《にご》りで、形が昆虫の螻蛄《けら》に似ているのでそう呼んだ。伊達は特別な装飾の意で、織は編みこんだ襟《えり》回りの様子を指す。青森の津軽地方では、男達が嫁さんのために、心をこめて作り、女達は村から町へ出る際、晴着として使用したと言われている。

今は作る人も、使う人もいなくなって、その用途を知る人も少なくなったが、五十年程前までは、雨の時や雪の時に、屋外へ出る者や、外で働く者にとって、無くてはならない、防雨・防雪用の外套《がいとう》だったり、荷物を背負うときの、クッション

だったりしたものである。

　材料は全体がわらで、襟回りは糸編《あみ》になっており、白地に黒糸と赤糸で四本の矢模様と、中央に一個の盃模様を浮き出している。盃から下がる青黒い束状の物は、植物の染め皮で、この蓑に不思議な霊力を与えている。

　柳宗悦は著書『雪国の蓑』で、津軽の「けら」と違い、襟回りの幅が狭い、この種の蓑は、秋田県産の特徴であると書いているが、これは青森と秋田の県境に位置する白神山地の、中津軽郡西目屋村のマタギ（狩人）の家にあったものである。

　千葉さんからきた荷物には、伊達げらの他にも幾つかの品々が入っていた。簡単に説明すると（五三頁）、上から順番に帽子、脚半、頭飾り、胴締め、掛軸の五点で、掛軸には文字絵で表現した山乃神の様な老人と、「神代よりつめを軸せぬ東国の言の葉の宝なりける」とでも読む歌？　が書いてある。いかにもマタギの持ち物らしい、何やら神がかった美を感じさせる物達といえる。

石亀《いしがめ》

台湾で出会ったお気に入りの亀

一〇二頁に、台湾の旅で求めた、金平糖のような形をした健康器具を、「にぎにぎ」と題して新聞に紹介したら、早速友人から電話が入った。

「あの写真を見て、あなたが感心した理由が、さっぱり分からなかったわ……。形もはっきりしないし、木目が美しいと言っても、木目なんてほとんど見えない

し、大体木になんて見えないもん……。悪いけど、気持ち悪い魚介類の死骸かと思ったわ」と、ケチョンケチョンの物言いだ。揚句の果てに、「あなたは冒頭で中国明代の石亀のことを書いて、ビデオ録画した人は、それを見て下さいと言うけど、私みたいにBSテレビが映らない人は、どうすればいいのかしら……。やっぱり石亀の写真も、載せるべきだったわ」とのことである。

　だから、にぎにぎは「何が何だかわけの分からないものに見える品である」と、断わってあるでしょ!! そういう意味では、カメラマン氏は忠実な撮影をしたといえるんじゃないかな? 彼の名誉のために言えば、写真では四個のにぎにぎは、上下二個が部分カットされて、分からなさに拍車をかけているけど、それは全部、僕の所為《せい》なの……。何故なら、七百五十字で原稿を書く決まりでも、この時は八百字になってしまい、僕は編集氏に、掲載写真をカットして調整をするよう頼んだの……。だから君を不完全燃焼にした責任は、僕にあるわけで、全面的に謝る……。でもね、テレビはBSも映るようにしたほうが良《い》いと思うよ。最近は地上波より、余程ためになる良い番組を、沢山やってるから。

　電話を切った私はわざわざ読後感を伝えてくれた親切な友人の為に、今回は石亀（横幅一二、高一〇センチ）を掲載写真に選ぶことにした。この亀は今や、私のお気に入りでもあるので……。

亀型煙硝入れ《かめがたえんしょういれ》

朝鮮半島で生まれた亀をお守りとして

敬愛する読者の忠言に従って、前項は中国の亀型ペーパーウェイトを紹介したが、今回写真紹介する品も、最近求めた亀をモチーフにした工芸品である。

この亀は朝鮮王朝時代後期の作で、煙硝を入れる為の容器である。私は朝鮮王朝時代即ち李朝の、似たような姿の木製煙硝入れを、今迄に幾つか見たことがある。しかし、この煙硝入れのような、紙と竹で作った品は見たことが無かったので、年の始めに断捨離を誓った身でありながら、買おうか買うまいかと悩んだ末に、結局「いただきます」といって、青山の骨董店を失礼したのである。

それから数日して、テレビが〝早稲田大学大学院からハーバード大学を経て理化学研究所に……、といった経歴を持つ小保方晴子、ＳＴＡＰ細胞研究ユニットリーダー（三〇歳）が、英科学誌『Nature』に、STAP細胞の存在を明らかにした論文を発表……〃というニュースを伝えた。

その折、写真を示して論文を説明する小保方さんが、とてもそんなノーベル賞級の科学発見者には見えない、若さと愛らしさの持ち主であることや、研究時にブランド品の洋服の上に、白い割烹着を着用すること等々を知らされ、私は手放しで彼女を祝福したく思った。そして、ニュースの最後に、小保方さんが「今、亀を飼ってるんです。亀を飼ってからずっと、良いことが続くんです」と屈託のない顔で語ったのを聞いて、そうだ小保方さんに肖《あやか》って今度も買ったばかりの、縁起が良いという亀（縦二二、横一二、高五センチ）を、紹介しようと心に決めた。

そんな気持で原稿を書き終った三月十四日、STAP細胞の論文を、共同著者三名が撤回に同意というニュースが流れた。私は今、亀のように甲羅があったら首を縮めたい思いでいる。真相は如何に……。

アフリカの占い盆《あふりかのうらないぼん》

何十年も眺めてきた、行く末を託す木の器

六月の末、諏訪で焼物をやっている女性陶芸家から、骨壺ができたと電話が入ったので、女房の運転で諏訪へ行ってきた。

骨壺は水上勉の『骨壺の話』を読んだ家内が、誰かに作ってもらえないかしらと言うので、私が目を掛けてきた磁器作家の彼女に、頼んだものである。

日頃痴話げんかを繰り返すだけが能の私達夫婦も、どんな骨壺になったのだろうと、それぞれ想像した壺の姿を話しながら、神妙な面持で、中央自動車道を走った。途中、約束の時間に着くには、間があり過ぎるというので、長坂のアフリカンアートミュージアムに寄ることにした。

この美術館を知ったのは、四年前の墓参の時である。私は故郷の富山へ帰る時は、中央自動車道を使うことにしている。その折も、甲府を抜けて八ヶ岳を目にした辺りで、白州の清春白樺美術館の見学を思い立ち、車を長坂ＩＣから一般道に入れた。そして、長坂からくねくねと山道を走り、清春白樺美術館到着一歩手前で、AFRICAN ART MUSEUMと書いた看板を眼にした。それ迄見なかった看板に興味を持った私は、入館料を払って見学することにした。

アフリカ美術は、四十二年前にパリやロンドンで、真物《ほんもの》の秀作に出会ってから、畏敬の念を抱いて、かなりの数を見てきたと自負する私は、展示室に入って驚いた。列《なら》んでいるものは皆、質の高い美しい品で、室《へや》は高い美意識で統一されている。鄙《ひな》にはまれな美術館だ……。

大いに感心した私は、受付の女性にその旨を話した。喫茶コーナーでコーヒーを飲んでいると、館長が現れた。顔を見て驚いた。何と、旧知の間柄の眼利きではないか……。全てを理解した私は、それ以来中央自動車道を走ると、彼の美術館に寄ることにしている。

というご縁で、今回は骨壺ならぬ、アフリカの木製盆（径四一、高三センチ）を写真掲載する。

私は四十二年前、香港、タイ、インド、アフガニスタン、イラン、レバノン、トルコ、ドイツ、デンマーク、スウェーデン、フィンランド、オランダ、ベルギー、フランス、スイス、スペイン、イギリスの十七ヶ国を、年長の知人と、車で旅行した折に、イギリスのロンドンはケンシントン近くの、骨董マーケットで買ったものである。その時の日記を見ると、定価二〇ポンドを、四〇ドルと二ポンドで支払うとある。これは当時のレートで、日本円の一万三千六百円で、今となっては安いのか高いのか分からない。でも、私が半世紀近くも愛して眺めたものである。金のことを考えるのは野暮というものだろう。

因みに、求めた時は、日本の盆と同じ使い方をするのだろうと思っていたが、アフリカンアートミュージアムに同種の盆が陳列されており、その解説文に、「ナイジェリアのヨルバ族の占い用盆。メリケン粉をまぶして使う。縁に二五五種の基本的図形が有り、円型と四角形の物がある」とあった。興味のある方は、是非、アフリカンアートミュージアムに行って下さい。

朝鮮《ちょうせん》の蓮《はす》

泥池にあでやかに咲く
蓮の花は、
李朝文化の象徴か

五月半ば、絵手紙協会の仕事で、大阪へ行くことになった。日本民藝館に勤めていた頃は、日帰りが当り前の距離だったので、そのつもりでいたら担当の娘さんが、最近はホテルも安いのが取れますから、御用意しますよ!!　と言ってくれたので一泊することにした。

というのも、二〇一四年四月から七月二十七日まで、大阪市立東洋陶磁美術館で開催されている特別企画展「蓮――清らかな東アジアのやきもの/写真家・六田《むだ》知弘の眼」を、大阪に行くなら観たいものだと思っていたからである。

私はチラシで展覧会の事を知ったのだが、その表《おもて》に掲載されていた壺は、私が大好きな、蓮を描いた壺だった。それは十八世紀後半、韓国の朝鮮王朝時代に造られた高さ四四・六、径三四・二センチの、青花辰砂蓮花文壺《せいかしんしゃれんかもんつぼ》と呼ばれているもので、朝鮮古陶磁を愛する人達から、神様と崇められる浅川伯教《のりたか》が、かつて所持していた名壺《めいこ》である。朝鮮王朝時代の工芸全般の美を、世に先駆けて紹介した柳宗悦も、大正五年に初めてその壺を見て、「心がそれに眺め入る時、凡《すべ》ては浄められ静められ、彼岸の世に往《い》く想ひがある」と、著書『朝鮮とその藝術』に書いている……。

さて、私は大阪に着いて、ときめきながら真直ぐ美術館へ向った。実は私は中学生の時、その壺に出会ってから何度も何度も観て、今や壺は心の恋人になっているのである。そんな壺の前に、私は久方ぶりに立った。相変わらず楚々として、気高く美しかった。恋人自慢ではないが、多くの人にその姿を見てほしくなった……。という理由《わけ》で、会場へ足を運ぶことを、お勧めしてこの稿を仕舞にする。

ところで、今回は壺の代りに、木彫の蓮をご紹介する。十九世紀、朝鮮王朝時代の寺院で使われていた、連子窓《れんじまど》の様なものかと思う。朝鮮らしく屈託のない、明るい美しさの蓮を、縦七四・五、横四五センチの枠内に、上手く納めている。私のお気に入りの品である。

つつみのみずがめ

堤の水甕

東北への旅の途上で出会った地元の窯の、大きな甕

絵手紙協会の仕事で大阪へ行き、恋人とも思う李朝の壺と久しぶりの語らいをして、満ち足りた思いで我が家に戻った私は、間をおかずに、福島へ旅立つことになった。旅は私の蒐集品を撮影している大屋孝雄氏と、福島に点在する磨崖仏《まがいぶつ》と石仏群の美しさを、写真と文で世に紹介したいという考えから行われた。

大屋氏の車で二人は、生憎《あいにく》の激しい雨の中を、最初の目的地の二本松を目差して走った。途中、蓮田ＳＡで朝食をとった、雨を避けて飛び込んだ店は、韓国家庭料理の店だった。ビビンバを食べながら、地名の蓮の字から、冷め遣《さや》らぬ李朝の壺との逢瀬が思い出され、私は苦笑した。

小降りになったので店を出て、駐車場へ行った。途中の木陰の中の石碑に、芭蕉の句「行く春や　鳥啼き魚の目は涙」が彫ってあった。側の板に〝「奥の細道」で言う、白河の関に近い蓮田の地を、高速道路で東北を目差す、皆様方の第一歩にも思い云々〟と書いてある。

なるほど、四百年程も前に、芭蕉もこの辺りで覚悟して、奥の細道へ歩を進めたのか!!　私は妙に納得し、わずか三泊四日の短い旅ながら、私達の行く末を思って

心を引き締めた。

さて、こうして始まった福島の旅だったが、蓮田ＳＡを出発して数時間後に、私は大きな甕を抱えて車中に居た。六七頁の写真がその甕（径五二、高五六センチ）である。宮城県仙台市郊外の、堤窯で作られた幕末明治期の水甕だ。福島県伊達郡川俣町を通り抜ける時、眼に入った道具屋に立寄ったのが因《もと》で、私は妊婦よろしく、不自由な身を託《かこ》ちながら、旅をすることになったのである。そして、私は旅の間ずっとこの甕に手を添えて、厄介な思いをしたが、今は産んだ子を見るように、慈愛に満ちた眼を遠くからこの甕に注いで、旅を懐かしんでいる……。

スピリット・フラスク《すぴりっと・ふらすく》

十八世紀、ドイツの職人が生んだ親しさの美

柳宗悦は述べている。「民藝の美には自然の美が活《い》き國民の生命が映る。而《しか》も工藝の美は親しさの美であり潤ひの美である」（「日本民藝美術館設立趣意書」より）と。

　これは「民藝」という語を作って間もない頃に書いたもので、柳の脳裏には、民芸の美を喧伝《けんでん》する当初か

ら民衆的工芸、すなわち民芸の、美の一つを構成するものとして「親しさ」という考えがあったことが分かる。

柳は民芸品から「親しさの美」が表れる理由を取り立てて述べてはいないが、柳の言う民芸品の性質を考えると、それがすべて親しさと結ばれていることに気づくのである。

幾つかあげると、まず民芸品は一般民衆の、もっと平たく言うと大衆の、生活のために作られる品物であること。そして、その目的はあくまで実用にあること。大衆の需要に応えるために、多量に作る必要があること。しかも、それは安価を旨としなければならないこと。そんな事情から、製作に携わる者はおのずから市井の職人になること、等々である。

このように、庶民との絆から生まれる民芸品が、人の世で圧倒的多数を占める大衆に親しさを覚えさせないはずがないだろう。そして、そこに美を感じる人がいれば、それはやはり「親しさの美」と表現されるのは当然だろう。

写真は十八世紀のドイツで作られた「スピリット・フラスク」（高九・二センチ）と呼ばれるものである。スピリットとは結婚式などの祝の席で飲まれた強い酒のことで、フラスクはガラス容器を指す。容器にはエナメルで、結婚を祝う白い鳥と明るい色の花束が焼き付けてある。その絵には勢いがあり、元気づけられると同時に、何やら幸福を感じさせられる。理屈抜きで「親しさ」を感じる品物の一例と言えよう。

古武雄の蝶文大徳利《こだけおのちょうもんおおとくり》——

唐津から古武雄へ、やっと定まった名前と出自

四日続きの猛暑の中、三十年来の付き合いの女性二人と連れ立って、町田市立博物館へ行ってきた。

博物館はバス停で降りてから、門前まで多少長いダラダラ坂を登って行く。

初めは女性の一人に、「先生の頭、『天辺桃《てっぺんもも》』みたい（木の一番高いところに育つ実は大きくて甘く、人に喜ばれる意）」等と言われて脂下《やにさ》がっていた私も、その毛のない桃頭に差し込む強烈な陽射しのせいで、徐々に、こんな日を選んで見学に来たことを、後悔するようになった。

でも、汗を拭きながら辿《たど》り着いた展覧会場の入口から、何枚かの大鉢を垣間見て、

その思いは嘘のように吹っ飛んだ……。

私達が見学に来たのは、「江戸陶磁のモダニズム―古武雄―やきものの王国九州から」という展覧会である。この展覧会は二〇一三年三月から五月にかけて、九州国立博物館で開催された展覧会の巡回展だ。

私が、この展覧会を見たいと思った理由は、柳宗悦によって、昭和初年頃から漠然と、肥前の名で紹介されてきた、唐津系民芸陶器の優品が、この展覧会によって初めて、佐賀県（肥前）、武雄市周辺の窯で、造られたことが証《あか》されることになったからである。そして、「唐津焼の中でも、茶陶として賞翫された碗や鉢、水指《みずさし》などと、食器として桃山の美濃陶を倣った絵唐津が終焉を迎えると、多彩な唐津焼とされる現川《うつつがわ》や献上手《けんじょうて》、京焼風の作品など、18世紀末から19世紀頃までの作品を繋ぐ時期の製品こそが、古武雄と言われる『知られざる唐津』の作品であったことが、その展示を観て理解出来た。」と、本展カタログの総論で、西田宏子氏（根津美術館副館長）が書いているように、九州展が始まる迄の六年間、西田氏達が「知られざる唐津」（即ち、唐津）と呼んできた作品群が、ここに晴れて、更に新しい古武雄の呼称を得て、世に認識されることになったからである。そして、柳宗悦が世間に先駆けて、肥前の名で蒐集してきた多くの美しい品々も今後は、十七世紀初めから十八世紀以前に製作された、古武雄の優品と認識されていくと考えられるからである。

そんな記念すべき展覧会を、見逃せる理由《わけ》がないのである。私は二時から閉館時間の四時半まで、六十五点の作品から、古武雄の特質という、モダニズムを充分に鑑賞した。

未見の読者に、その喜びを少しでも分かってもらいたく思い、今回は私が所蔵する古武雄の蝶文大徳利（高三四・三センチ）を写真紹介する。多少でも共感してもらえたら幸福である。

韓国の枕《かんこくのまくら》

平凡なものほど、作るのはむずかしい

写真は、韓国の木製の枕（高一一・四、横一六・八センチ）である。木枕というものを見たことも使ったこともない人には、おそらく見当がつかないと思うが、三十分ほどの昼寝に使うととても快適な品である。私は日常生活の中でごろ寝して、仮眠をとる時に使って重宝しており、自信をもって使用を薦められる。

横浜の世界の工芸・巧藝舎で購入した時から、これが朝鮮王朝時代の木工職人の伝統が関わった枕だということは分かっていた。そして、この木枕を韓国木工の頂点を示す品物ぐらいに思って、私は感激して家に持ち帰った。

この木枕に感動した理由は、一言でいうと「無事の美」を観じたからである。こ

こでいう「無事」とは、平凡とか平易とか簡素とか自然とか当り前といった意味である。おそらく世界中の工芸を見渡しても、これほど平易な品は、やたらには目にしないだろう。

柳宗悦はかつて、日本の国宝に指定されている、朝鮮王朝時代の「喜左衛門井戸」と呼ぶ大名物茶碗を見て「『いい茶碗だ――だが何という平凡極まりないものだ。』私は即座にそう心に叫んだ。平凡というのは『当り前なもの』という意味である」と言って、平凡とか当り前という言葉で表現される美を持つ物こそが最高の工芸品で、その性質を持つ品は民芸に多く見られると述べた。そして「無事はこれ貴人、但《た》だ造作すること莫《なか》れ」という「臨済録」の法語を引用し、「何故『喜左衛門井戸』が美しいか、それは『無事』だからである。『造作したところがない』からである」（「『喜左衛門井戸』を見る」より）と結論した。

私はその美を木枕に観じ、これを喜左衛門井戸と同じ、民芸の国宝に思っているのである。

いずものこふ──出雲の古布

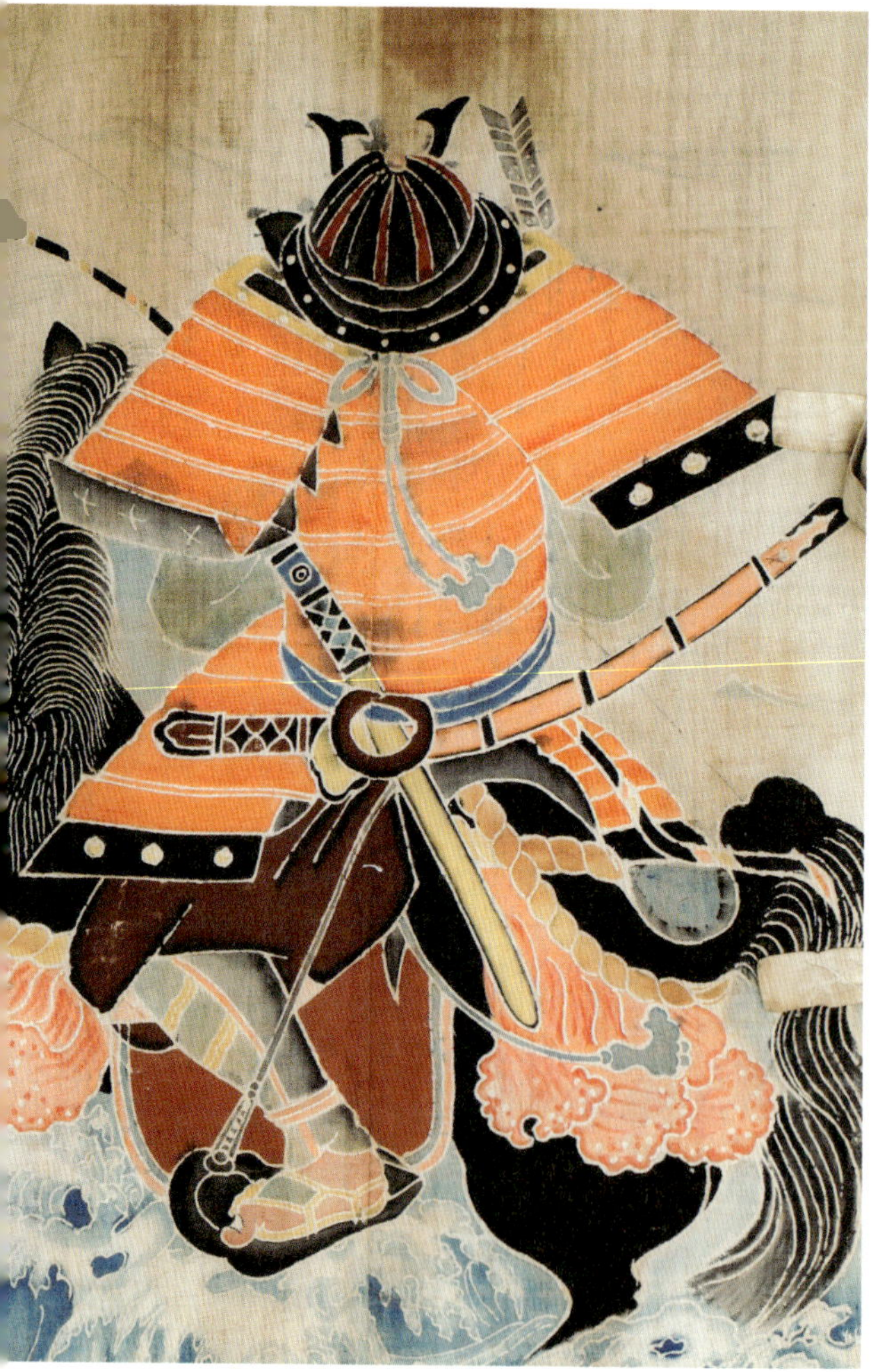

78〜79頁とも古幟の部分。

時を経て、伝わってきた布の数々

何度も書いて恐縮が、東北の三・一一震災の五ヶ月前に、三陸地方の海岸部に伝わる、切子《きりこ》(切紙)の仲間の「網飾《あみかざ》り」を調査したことから、主宰の千葉氏と写真の大屋氏は、その貴重な民衆工芸文化を紹介する会を、度々開いてきた。二〇一四年七月の末にも、多摩美術大学美術館で千葉さんが講演をするというので、私も聞きに行った。

その会場で北村勝史氏に会った。北村氏はＩＢＭを退社後、古幟《このぼり》のコレクションを志して、幟家という古布《こふ》店を開きながら、蒐集に専念された方である。そして、近年、目的をほぼ果して店を畳み、今は自身の幟コレクションを、オランダや日本の美術館で、展覧しておられるのである。

北村さんを見つけて、二、三日前から会いたいと思っていた私は、網飾りという神様の依代《よりしろ》に、引き寄せられた我々に、神意が働いたように思った。と言うのも、私は出雲大社がある出雲市の、出雲文化伝承館と平田本陣記念館で、二〇一四年十二月十三日から二〇一五年二月一日まで、「尾久彰三コレクション――観じる民藝」展を開催するからである。

私は出雲市で開くからには、出雲が育んだ染織品を、出雲の方達にお見せしなければと思いつつも、出品目録を作るタイムリミットに近いその頃まで、気にいった品を入手出来ないでいた。そして、二、三日前から北村さんに会いたいと、しきりに念じていたのである。

さて「念じれば花開く」の言葉どおり、北村さんに会った私は、「出雲の染織品で、手放してもよい物をお持ちでしょうか?」と尋ねた。北村さんは多少困った様子ながらも、暖かな微笑《ほほえみ》を見せて、「家へ帰ったら探してみましょう」と、言って下さった。

それから日を置かずに、北村さんから荷物がきた。古布が丁寧に包《くる》まれていた。手紙があった。

先般は、図らずもお会いでき、ご健康そうなお姿に、嬉しく存じました。変わらぬ熱意をもって民藝啓蒙の活動を展開されていて素晴らしいと思いました。

さて、出雲の染織品ですが、お話ししたとおり、今では、時折、講演などで使用する資料的なものしかありませんが、送らせていただきます。写真と思いましたが、結局は風合い・色合い等実物でないとご納得いただけないかと、現物で見ていただくことにしました。ご不要分は、ご遠慮なくご返送ください。

一応、簡単な説明を付しておきます。

なお、出雲の幟も、かつては、数本持っておりましたが、いずれも明治以降のもので味わいが薄く売ってしまいました。

江戸期の出雲の幟は、明確なものはありませんがお送りしたものが、出雲の産では？　と推測しているものであります。

品物を下記致します。よろしくお願いします。

●出雲古風呂敷　型染（板？）　七五×七四センチ（八三頁上）

＊橘に束ね熨斗文様　ヤマモモ・藍染分／江戸後期

＊明治以降の出雲染分け風呂敷の原型

＊五十年の収集で、これ一点のみ遭遇

●出雲古風呂敷　型染（板？）　九〇×八〇センチ（八三頁下右）

＊紅葉に筏流し文様　藍・浅黄染分け分／江戸後期
＊明治以降の出雲染分け風呂敷の原型
＊状態つぎ当て
●出雲古風呂敷　型染・出雲更紗　九八×九七センチ（八三頁下左）
＊草花文様　藍染・天然顔料更紗染分／江戸後期
＊五十年の収集で三点のみ遭遇
＊出雲更紗として、産地特定できる資料
●端午節句幟　武者絵「勝敗預かり」（七八・七九・八一頁、上部に家紋有）
＊筒描・手描／江戸後期　三八二×三二センチ
＊推定　出雲産（経験的に最も出雲の幟に近い面描）
＊オランダで展示

と書いてあった。

私は感激した。そして、包まれていた布を一枚一枚丁寧に広げて眺めた。皆、素晴らしい品で、類例のないものばかりだ。誠に、神様、仏様、北村様である。私は、出雲の布と北村さんに手を合わせた……。

藍絵の皿《あいえのさら》

茶人が愛し、発注した明の染付

今日は八月二十三日の処暑《しょしょ》である。処暑とは暑さもやわらぐ節を差す言葉だが、日本はまだ暑いままである。

私は暑い夏は何もしないでボーッと暮らしたいと記して、少しでも涼しさを感じてもらおうと、藍絵の猪口を紹介したことがあるが（一二八頁）、本項も涼しさを第一義に考える必要があるようだ……。

という理由《わけ》で、不快な暑さの中で選んだ物が、写真の皿である。知恵が無いうえに、この暑さである。ソバ猪口と同じ藍絵の皿に涼を求めたのは、御愛嬌と思ってもらえれば有難いが。

この皿は中国の皿（直径一七・五センチ）である。明末清初の頃、中国江西省景徳鎮の、民窯で焼かれたものである。日本ではこれ等の染付磁器を「古染付」あるいは、単に「古染《こそめ》」と呼んで珍重してきたが、古染には二つの系統があるといえる。一つは器体がやや肉太で、日本の茶人達が懐石料理を供する際に使用した「茶器古染付」と、茶席に限らず、一般富裕層の食事の場で使われた「食器古染付」である。「茶器古染付」は、日本の茶人の注文で造られたとされ、中国には伝世品はおろか、陶片の出土例もないといわれている。薄手の「食器古染付」は、多くが日本人好みの食器として輸出されたもののようで、同種の品を他国で眼にすることもあり、古染の素生《すじょう》を分かりづらくしているものである。

左頁の皿は「茶器古染付」とも、「食器古染付」ともいえる品で、器体は肉太でもなく薄手でもない。そういう意味では、分かりづらい古染の素生を地でいく皿である。模様は、宇宙空間に浮遊する沢山の星と観じたいのだが、貝というのが正しいらしい。しかし、ここではやはり涼しげに、宇宙の星としておく……。

残暑御見舞申し上げます。

占いで使う算木を文様にした皿。円形の品は珍らしい。

神棚《かみだな》

別々の古道具店でみつけた物が、ぴたりと一致

私事で恐縮ですが、二〇一三年十月五日から十二月一日まで、「尾久彰三コレクション――観じる民藝」展を、広島県福山市の「ふくやま美術館」で行いました。その展覧会の簡単な説明を、その折の「ご挨拶」を使ってさせて下さい。

本展は私が高校生の頃から今日ま

稲穂を手に持つ山神様。

での、約五十年間に集めた、というより集まってくれた、としか言いようのない品物達、いわば私の座右の友達々を紹介したものです。

約三百点の品物は、畏敬する柳宗悦の発見した民芸美を示すと、私が直観したものですが、その民芸美を観覧者の方々にも、観じていただければ幸福だ！　という思いで、展覧会のタイトルを〝観じる民藝〟としました。

お気付きの方もおられると思いますが、本展は二〇一〇年に、横浜のそごう美術館で行った内容をベースにして、富本、河井、浜田、芹沢、棟方、島岡、金城の民芸派個人作家の作品を、ほんの少し足して展示しました。


さて、九一頁の写真は展示品三百十三点から選んだ神棚（高五六、横六二センチ）で、中央の像は天神様です。これを本項の紹介品に選んだのは、〝集まってくれた物達〟を、良く説明すると思ったからです。というのは、私はこの梅の家紋を持つ神棚と、土製の天神像と、その御座《ぎょざ》の三つの物達を、飛騨高山の三軒の古道具屋で、別々に求めたのです。そして、忘れもしない五十年前の二月二十五日、最後に求めた神棚を大事に持ち帰って、床の間に据えると、先に求めていた天神様と御座が、自《おの》ずから神棚に入ってきて、ピッタリの場を占めたのです。うまく言えないのですが、自然とものの達が集まったのです……。他に、我が家におられる三柱の神様もご覧下さい。では、ごきげんよう……。

上／宇賀神様、蛇の身体をした財宝の神様。
下／お地蔵様、田ノ神様、あるいは山神様とされる神様。

私の守護神になって下さった天神様。

刀の鞘《かたなのさや》——

勇猛果敢な台湾の少数民族が身につけていた宝刀

二〇一三年九月十七日から十三日間、NHK・BSプレミアムの「温故希林」という番組の仕事で、私は樹木希林さんと台湾に行ってきたのだが、十一月二十九日の夜から、それが放送されることになった。

番組はこれまでの放映のように、三回に分けて放送される。その都度のテーマは、次のようなことになる。

第一回「民族文化―絢爛!! 山の民の大結婚式」
第二回「大陸文化―味わい!! 台湾茶芸の深い歴史」
第三回「日本文化―ホッコリ!! 今も作り継がれる漆工芸」

台湾は御承知のように十六世紀頃、東洋へ進出した欧州人によって世界史に登場した。以後、オランダ、中国鄭《てい》氏、清朝、日本の統治を受けたが、今は九州より一回り小さい面積に、二千万の人々が暮らす中華民国として、世界有数の繁栄を誇っている。

中華民国即ち島国台湾は、そんな歴史を反映し、決して一筋縄では行かない多様な文化を示す。当番組では、その複雑な文化を三つにまとめ、美《うる》わしい台湾文化として定着した今日の様子を、希林さんと小生の、おとぼけ老々介護コンビで、愉快に紹介した……。

というわけで、今回は台湾の少数民族が作った刀の鞘《さや》を写真で示そう。上下二本の鞘は、金属工芸作家として、活躍の矢先に亡くなったM氏の奥様からいただいた品で、大事に保管しているものである。朱鞘（長五〇、幅六センチ）は大分前に求めた品。三鞘に人物像と、一番上の品には山羊も彫ってある。それぞれ生命が躍動し、とても美しいものを観じる。因みに、番組第一回は、これ等を作った少数民族の一つ、パイワン族の子孫の大結婚式を紹介したものだ。

脱衣婆《だつえばば》

地獄に着いた人々から身包《みぐる》みはぐ、婆の像

この黒い塊は、脱衣婆《だつえばば》と呼ばれている。仏教に登場する、ユニークなキャラクターの持ち主である。仏教では人間は死ぬと、冥界へ行くことになっている。冥界の主は、閻魔である。閻魔は、炎魔、焔魔、琰魔、剡魔とも記される。炎・焔はホノオ、琰・剡はケズル、キルの意味を持つ。いかにも強くて、恐《こわ》そうな感じだ。しかし、そんな閻魔も、元《もと》は死者の住む天上の楽土の王であったという。それが仏教に地獄思想が入って、中国に伝わると道教の十王信仰と混合して、何時の間にやら死者の生前の罪を厳しく裁く、今日の閻魔大王になるのである。

長々と閻魔のことを書いてしまったが、脱衣婆はその閻魔様に傅《かしず》いて、ある仕事をしているのである。その仕事は、追いはぎである。冥土にたどり着いた死者が、

三途《さんず》の川を渡る時、川の畔《ほとり》にいる脱衣婆が現れて、死者の衣を奪うというのである。黄泉《よみ》の世界も中中《なかなか》に恐ろしいが、これには、〝通常、死者は首にかけた頭陀袋から取り出した銭を支払うのだが、銭の持ち合わせがないと……〟という説もある。が、とにかく死者は脱衣婆に丸裸にされて、閻魔大王の前に送り出されるのである。ただ、そんな脱衣婆の名誉の為に言っておくが、三途の川には脱衣翁も潜んでおり、冥界の仕事に男女？　の差別はないのである。

さて、私がこの脱衣婆を求めたのは、横浜のそごう美術館で、二度目の蒐集展を行う寸前だった。その時は何気無く六本木の、例の老獪な骨董商を訪ねると、「あなたにピッ

タリだと思って、とっておいた物です」と言って、奥の倉から持ち出してきたのが、この鬼婆である。私は何がピッタリだ？　と、多少反発心を持ったが、老獪な彼の言う様に、婆は私好みの鬼だった。

それは全体に精緻な仕事が施されていながら、婆の証である足乳根《たらちね》ならぬ垂れ乳辺りが、デザイン的に処理されている。だが、そのギャップは少しも変ではなく、怖いはずの鬼婆を、逆に可愛らしくしている……。そう思って顔を見ると、おどろおどろしさを狙ったと考えられる、歯の抜けた口の様子も、その思いと裏腹のユーモアが感じられる。

立て膝をついた腰から下と、頭部の大きさのちぐはぐな寸法も、赤子のバランスを髣髴とさせて、この鬼婆が、心の根に忘れずに持っている幼心《おさなごころ》を想像させる。

どこを観てもこの鬼婆は、老獪な骨董商の言うとおり、くやしいけれど私にピッタリの彫刻であった。しかも一世一代の蒐集展をひかえて、一点でも多くの優品をと思っている時である。私は「お主も本当に老獪やの……」と心の底でつぶやきながら、いただくことにした。

室町時代作と思しき脱衣婆、またの名を鬼婆ともいう、愛すべき仏教彫刻である。

絵馬《えま》

人々のささやかな
願いがつまった
小さなアート

今は師走十八日の夕刻である。朝から寒かったが、時の経過とともに、多少ゆるむはずの気温は少しも変わらず、冬慣れをしてない身に、刺すように感じられる。ふと窓の外に眼をやると、何時の間にか、冷雨《ひさめ》が雪に変わっていた。そんな風景の中で、私は来る年の正月に新聞に載せる品物を考えている。

来年の干支《えと》は馬である。年の始まりの号には、やはり干支に因む品を紹介するのが、一番無難なのだろうなぁ……。そう思った私は、幾つかあった候補の品から、馬が描かれた絵馬（縦五・二、横七・五センチ）を選んだ（一〇一頁）。

岩手県南部地方の小絵馬。
何やら神秘がただよう白い馬。

岩手県南部の小絵馬。身体の色がとれたら、
こんな美しい線の小絵馬になった。

絵馬は昔、神様に生き馬を献上する風習から始まった。その生き馬が、木や石で型どった馬に変わり、やがて時代の推移と共に、更に簡便な、馬を描いた扁額《へんがく》に変わった。そして、金も力も無い民衆の時代に入って、馬に限らず、願い事を象徴する絵を板に描き、それを絵馬と名付けて、八百《やお》万《よろず》の神々に奉ずるようになった。

左頁上に掲げたものは、くどいようだが、馬を描いた絵馬である。と言っても読者は、俄《にわか》には信じられないだろう。しかし、これはかつて伊勢地方の山神神社に、奉納されていた紛《まぎ》れもない小絵馬で、本来はこれと同じ図柄のものを背中合せにして、上部の穴に紙紐を通してしっかり結び、二枚で一つの絵馬としたものである。

面白いことに、そんな理由《わけ》で、絵師は通

常の倍の絵を描く為に、馬を最少の手間で表現する必要から、まるで一個の花押のようにに描くに至った。しかし、それがこの絵を、世界で最も美しい馬の絵の一つにした。馬を曳《ひ》く猿を黒丸で記号的に表現したことも秀逸で、どんな現代アートにも負けない絵馬となっている。

にぎにぎ——

にぎにぎ

台湾でみつけた、小さく形のよい健康器具

二〇一三年私は、ＮＨＫの「温故希林」という番組制作のために、台湾へ行ってきた。番組は各地に残る古い物事《ものごと》に当って、そこから新しい知識や見解を引き出そうというもので、私が女優の樹木希林さんと共に、旅をしながら名所旧跡を訪ねたり、骨董屋さんをひやかしたりしながら進行していく……。

そんな理由《わけ》で、私は立ち寄った骨董店で、どうしても何か買うことになる。この折も、

主に台湾の少数民族の工芸品を扱っている店で、何気なく机の上に置いてあった、石彫の亀に眼が止まり、店番の可愛い娘さんに、これは何処のものか？　何時造られたもの？　用途は？　と尋ねることになって、結局その石亀を手提げ袋に入れて、店を退出するはめになったのである。

この石の亀は、放映されたテレビの三回目の終りの、故宮博物館の入口にある巨大な石獅子の下で、二人が旅の総括話をする場面に登場している。ビデオ録画をされた方は、見て下さい。因みに、石亀は中国の明時代に造られたペーパーウェイトだそうである（本書の読者は五七頁参照）。

さて、私は他にも買い物をした。本当は石亀を写真にとって、ここに載せれば良かったのだが、生憎カメラマンに撮影を依頼したのは、何が何だかわけの分からないものに見える品だった。でも、私はわけが分からないで観じる美に感動して、台湾民芸の極致とまで評価し、買い求めたのである……。

写真がそれで（にぎにぎと命名）、木製の金平糖のように見えるが、手の平に置いて使うものである。と言えば、勘の良い方はすぐ分かるだろう。六つの角《つの》を、手の平のつぼに当てて、マッサージをする一種の健康器具である。私はこれを見つけて、形の美しさ、木目の美しさ、角《つの》の端を白点にする洒落た仕事ぶりに感心した。値は一個二百円（四・五×四・二センチ）だ。玉市《たまいち》という玉を売買する市場の、怪しげな古道具屋の棚隅に置いてあった。旅で一番嬉しい買い物だった。ここで紹介した所以である。

堅手鉄絵草文徳利《かたでてつえそうもんとくり》——

酒がなじむほどに、色合いが変わる李朝の焼物

　青山の骨董通りの近くへ行く用があったので、久しぶりに梨洞へ寄った。梨洞は朝鮮王朝時代、即ち李朝の骨董品を扱う店として、その道の人達には、夙《つと》に有名な店である。

　私は社長の李さんと、同い年ということもあって、不思議と気が合い、四十年近くも付き合っている。

その四十年前、私が日本民藝館員に成り立ての頃、李さんはソウル大学の大学院生で、何故か二人は、三十八度線近くの焼肉店で会い、私は腹いっぱい焼肉をご馳走になったのである。そして焼肉の出合いの後、李さんはお母さんと共に梨洞を運営し、美しいお嫁さんをもらい、大事な大事な陶芸家の弟さんを失い、その弟さんを追う様に、お母さんが亡くなり、お二人の置き土産みたいな、一粒種の男子を得た。その男子も来年は成人式を迎える。

一口に四十年近くの付き合いと言うが、考えてみると、四十年は永く短い時間で、気持を家族同然にする。しかし、骨董商売は別で、甘くなることはない。それどころか、逆に厳しくなる。何故ならお互いに、金の苦労をかけさせたくないという気持が、強く生じるからである。でも、その代りと言っては何だが、沢山の名品を見たり、触ったりする勉強は、何時でもさせてもらえる。私にはそれが何よりのことで、李さんには四十年間、実に良い勉強をさせてもらい、感謝している。

写真はその折に、勉強のつもりで手にとって眺めた十七世紀、李朝堅手徳利（高一三、径九・五センチ）である。鉄釉で生真面目なのと、多少走ったのと、二種の線の草文が描かれている。ボディの色調は、経年が作った枇杷色とグレーの二段構えである。一見何でもないが、良く見ると民芸の気品が、じんわり伝わってくる。珍しく懐が暖かかった私は、抱えていくことにした。今は酒が入ると輝きを増すこの徳利の、美しさに耽溺している。

イコン《いこん》

ブリキの板に描かれたメキシコの聖人

ついこの間まで、暑い暑いと言って、新聞の紙面が少しでも涼しげに見えるよう、染付の猪口や皿を掲載していたのに、今日は寒い十二月号に載せる品物を考えねばならない。

全く、「光陰矢の如し」という、余り使わなくなった……、とは言っても他の言葉も思い浮かばない、浅はかな私は……、異常気象のせいで、季節感が乏しくなった近頃では、知らぬうちに光陰の矢を目の当りにすることになって、戸惑うばかりである。

さりながら十二月と言えば、心に浮かぶのは、キリストの降誕祭である。クリスマスと呼ばれるこの祭は、日本のように冬になる国と、真逆の夏になる国があるが、

世界のどこでも、十二月の二十五日に行われる。そして、宗教調査をすると、無宗教と答える人が多い日本でも、何故かクリスマスの頃になると、今流行《はやり》の偽装クリスチャンが巷にあふれる。

そんな世相に合わせた訳ではないが、今回紹介したく思ったのは、十九世紀のメキシコのクリスチャンが、大切にしていたイコン（縦二〇、横一五センチ）である。イコンとは広い意味で、キリスト教徒が尊ぶ聖画像を指し、神に似た人即ち聖人を、比較的小形の、木や金属の板に描くものである。そして、真に神聖な絵画として、教会や信者の私室に飾られ、敬虔な祈りが捧げられるものである。

写真のイコンは、ブリキ板に聖人が描かれている。真正の信者なら、手に持つ物や服装、あるいは洒落た帽子等々から、聖人の名前も分かるのだろうが、残念ながらブッディストの私には見当もつかない。ただ私は、童顔の聖像に、仏像を前にする時と同じ、深遠な神秘を感じて、これを求めたのである。

クリスチャンならぬ私が、持ち主になったのも何かの縁だろう。私も来る年の多幸くらいは祈ろう。皆様、良い年をお迎え下さい。

れくいえむ——

レクイエム

美しい女性は芸術的啓示をあたえる……

ようやく夏も終り、秋の訪れを思わす九月の中頃、横浜のS美術館で開催している、「中澤弘光展—知られざる画家の軌跡」を見学してきた。

本展は明治七年、東京・芝区源助町の、日向《ひゅうが》（宮崎県）佐土原藩士の家に生れ、昭和三十九年九十歳で亡くなるまで日本の洋画壇で活躍した画家、中澤弘光《なかざわひろみつ》の画業を振り返るものである。

中澤弘光は、彼の師匠的立場にいた黒田清輝や岡田三郎助のような、時代を画すほどの偉大な業績を残してはいないが、彼等天才の後を受継いで、日本の洋画壇をよくまとめ、後進を育んだ人である。

中澤は「私は平凡な写生で一生を終るつもりである」と語った様に、その生活は質素で、権力欲も薄く、大好きな温泉、旅、骨董そして女性等々から授かった美的啓示を、彼の芸術表現に上手く取り込み、自分の身の丈に合った作品を、沢山産み出した人物である。

それ故、生前は美術展の受賞も多く、昭和三十二年には文化功労者として顕彰されたりして、幸福な画家人生を過ごしたが、没後五十年にして「知られざる画家」と、副題を添えざるを得ないようなことにもなったのである。

しかし、本展は世間的に忘れられた中澤弘光に、新たな光を浴びせ、日本近代美術史を、より丁寧に検証しようと、S美術館学芸員の、M・Mさん達が、その母体会社の冷視を恐れず、敢《あえ》て企画したもので、美術館の有り様《よう》に一家言を持つ人達から、拍手をもって迎えられた、好展覧会といえるのである。そしてそれが、ここで私が観覧を勧めたく思った所以でもあった……。

しかるに、何たることとだ。その様な好企画を数多く手掛けて、そごうにMありと謳われたM・Mさんを、門外漢の、ミューズに見限られた男が、パワハラ的行為で、彼女を辞職に追い込むという、驚天動地の事が起こったのである。

私はその事実を知って、MさんとS美術館の為に、大いに悲しんだ。私はS美術館が、美術館としての名声を築くに当って、Mさんがどれ程の努力をしてきたか、よく知っているので、彼女の心中を察して、彼女の最後の企画展、「中澤弘光展―知られざる画家の軌跡」の紹介を、M・M学芸員と、S美術館へのレクィエムとすることにした。

さて、次頁は中澤弘光が、女性から芸術的啓示を得て、優しくしっとりした女性像を、沢山描いていることに因んで、私が所持する女性像から選択、紹介することにした、インドのミニアチュール（細密画）である。

三十年も前に、目白の古道具・坂田で求めてからずっと、私の勉強室の壁を住処《すみか》にして、私と共に暮らしてきた「深窓のいやし美人」である。一目惚れで我が家に迎えたので、世間が知りたがる出自等、詳しいことは一切分からない。否、知ろうと思わないできた……。

とにかく、女性は古来太陽であったと、思っている小生が、こんな裸の美人さんを観て、秘《ひそか》に喜んでるからといって、セクハラやパワハラだと、叫ばないで欲しい。誰にも害を与えないのだから。

「ねぇ。中澤先生、そうですよね!!」

中澤弘光「蓮露」1949年、個人蔵

イギリスの水くみ
いぎりすのみずくみ——

作為のない健康なものに宿る美

民芸がもつ様々な性質が、特色ある美を生んだ。柳宗悦は以下のように説いている。「名無き工人によって作られた下手《げて》のものに醜いものは甚だ少ない。そこには殆《ほと》んど作為の傷がない。自然であり無心であり、健康であり自由である」（『日本民藝美術館設立趣意書』より）と。

なかでも柳は「健康」を優れた美質と考えた。なぜなら、人間の精神も肉体も健康を求めるのが本来の姿であり、自然の法則に沿うことになるからである。そして、ありがたいことに民芸は、その美質をことさら意識せずともおのずから生み出す性質を持っているという。

というのも、民衆に使われることを目的とする民芸品は、人の精神と肉体に最も密に接する立場にあるので、おのずと人が求める健康に十分な配慮をして作らざるを得ない宿命を持っているからである。

では、健康の美とはどんなことを指すのだろう。柳はそれを知るには、品物を人間になぞらえて考えるとよいという。曰《いわ》く、誠実な人、正直な人、謙虚な人、質素な人、素直な人、病のない頑健な肉体を持つ人など、数えたら切りがないほどの、健全な人が持つ性質=健康な性質を思い、それを民芸品に感じることだという。そして、それを感じた瞬間に、人は健康に美を感じて、物から健康の美という幸福を受け取るのだという。

一一六頁の写真は、私が見るたびにそんな美を感じる品物で、イギリスの十八世紀の水くみ（高二九・六センチ）である。牛革で作った筒と板状の取っ手を強い糸で縫いつけてある。コールタールで黒く着色し、ニスを塗って革の強度を高め、水漏れを防いでいる。見るからに頑丈そうで、水をたたえて立つ様は黒光りする頑健な肉体を見るようで、私はいや応なしに健康の美を感じて安堵《あんど》する。皆様はいかが。

布志名窯の大徳利《ふじながまのおおとくり》

スマートで上品、不昧公のお膝元、島根の民窯

東京・南青山のべにや民芸店から、催事の案内葉書がきた。タイトルが「暮らしの中の古民窯展　Part7　九州・沖縄を中心に　八重山古陶を愉しむ」である。随分欲張ったタイトルだが、更に案内文が、「今回は、近年評価の高い、八重山古陶をはじめとして、琉球《りゅうきゅう》、苗代川《なえしろがわ》、小代《しょうだい》、能野《よきの》、小鹿田《おんた》、唐津といった南の古陶磁を中心に、江戸から昭和にかけて制作された日本各地の古民窯の生活雑器、約一〇〇点余りを展示即売いたします。また、特別企画としまして、上江洲茂生《うえずしげお》と金城次郎作品も並びます。御高覧下さいますよう、お願い申し上げます。

協力：諸国民窯・古民芸たつの（姫路）」と、葉書のスペース一杯にある。

私は姫路で古民芸店たつのを営む、長澤正義さんが協力して集めた品物なら、悪い物がないことを、これ迄のＰａｒｔ１〜６の古民窯展を見て、買って、知っているので、わくわくしながら会期初日の、開店の十五分過ぎに、会場のべにや民芸店へ行った。すでに七、八人の客が居り、目玉の沖縄・八重山古陶は、ほぼ全品売れていた。

私は赤札を見て多少焦ったが、他の古窯の品にも良いものが幾つもあったので、気を取り直した。そして、最終的に、古小代《こしょうだい》窯・黄釉流し掛壺（一四三頁）と古武雄《こだけお》窯・流し掛茶壺と布志名《ふじな》窯・鶴首緑釉掛大徳利（高二五センチ）の三点を購入した。

一二〇頁は布志名窯の大徳利だが、これを求めたのには理由がある。実は、私は二〇一三年と同様「尾久彰三コレクション――観じる民藝」展を、二〇一四年十二月十三日から二〇一五年の二月一日まで、島根県出雲市浜町の出雲文化伝承館と、同平田町の平田本陣記念館の二会場を使って、開催するからである。

私はそのことが決まってから、出雲市で行うからには、いわゆる御当地物を出品しなければと思い、何か良い品はないかと探していたので、この大徳利が島根の布志名窯の品だと知って大いに喜んだのである。しかし、正直言って、最初に会場でこれを見た時、どちらかといえば、素朴で武骨な他の民窯の焼物に較べ、あか抜けて上品な様子ばかりが印象に残って、好感を持たなかったのである。もちろん、これが布志名窯の品と思わずに……。

それが一渉《ひとわたり》見て、会場に居た長澤さんに「島根県の物は無いのですか」と尋ねて、「これがそうですよ。幕末、明治の布志名焼で、私も見たことの無いものです」と言われた瞬間、雷に打たれたように、さすが松平不昧公《ふまいこう》が、茶で培った文化を伝承する島根の焼物だ!! と、民窯の中の名品に観えてきたのである。「眼から鱗が落ちる」という言葉があるが、私はこの布志名窯・鶴首緑釉掛大徳利には、うまく言えないが、ある意味で鱗を落とすような、貴重な勉強をさせられたわけで、今はこの徳利の風雪を経た技が示す、高い品位を、大いに買っているのである。

布志名窯は、焼物好きなら御存知のように、島根県玉湯町布志名で、一七六四年創業したといわれる窯で、今も柳宗悦の民芸運動に加わった船木家が、その伝統をつないで作陶している。この作品は、明治二十年代の布志名窯が最も充実していた時代の大徳利で、確かな職人技の冴《さえ》がうかがえる優れた品であると言える。あるいは、松江藩の御用窯系列の出来なのかもしれない。何にしても美しい焼物で、大いに学ぶべきところのある徳利に思う。

宗像大社と天神様《むなかたたいしゃとてんじんさま》——

半島とのつながりを感じる九州の古社と学問の神様

八月の暑い最中《さなか》、丸の内の帝劇ビル九階にある出光美術館で開催中の、「宗像《むなかた》大社国宝展―神の島・沖ノ島と大社の神宝」特別展を見てきた。実は神社本庁に務めている友人から、本展を少しでも宣伝できる新聞や雑誌を知らないかと聞かれ、私は自分が連載している「TOMO」の欄のことを話したのである。そして、それが因となって、本展を少しでも紹介せざるを得なくなり、見学もしてきたのである……。

さて、宗像大社のある九州北部（福岡県宗像市）は、古くから日本と朝鮮半島と中国大陸を結ぶ、交通の要衝の地として、重要視されてきた。また、玄界灘を主領していた宗像大神は、日本と朝鮮半島を結ぶ、海上の守護神として尊崇を集め、大いなる御神威を輝かせてきた。その人と神を結ぶ我が国の国造り信仰は、古代から混然一体として、宗像市にある辺津宮《へつぐう》、その沖合に浮かぶ大島にある中津宮《なかつぐう》、そして朝鮮半島と日本との中間に位置する沖ノ島の沖津宮《おきつぐう》の、三宮にそれぞれ市杵島姫《いちきしまひめの》神《かみ》、湍津姫神《たぎつひめのかみ》、田心姫神《たごりひめのかみ》の三女神を祀ってきた。そして、三宮を宗像大社と称して、今日まで歴代の天皇、為政者、信仰者達の崇敬を受けてきたのである。

特に四世紀後半から九世紀の、ヤマト王権による国家祭祀が始まった時期から、大和朝廷の大陸交渉深化の時期には、沖ノ島・沖津宮の北側の巨岩群は国家祭祀場となって、昭和二十九年から同四十六年の都合三次の学術調査で発見された、約八万点の豪華な奉献品が、逐次神々に献じられてきたのである。

本展はそれ等国宝に指定されている鏡、勾玉、金製指輪、金銅製高機、奈良三彩小壺等々の奉献品を多数展示し、物を通じて日本の歴史の始まりを、観覧者に教えるものである。

一二四頁の写真は宗像大社に近い太宰府で、無念のうちに死んで、神になった菅原道真即ち天神様の御影図と、天神様の称号、南無天満大自在天満宮を描《か》いたものである。両方とも字をかすれる様に書く、飛白体《ひはくたい》で表わしているところが、珍奇で面白く、この書軸の見所といえよう。御影の方は、首から下のボディ部を、天と神の二文字を使って、一種の文字絵にしたり、その上に書いた天満宮の文字に、松竹梅の絵を配したりして、何やら神聖でお目出度いものを感じさせるようになっている。それぞれ男子を寿《ことほ》ぐ祝の日に、家の床《とこ》や壁に掛けたのだろう。この稿に色々な縁を感じて、今回はこの二点を紹介することにした。

なお、私は正直にいうと、何故「宗像大社国宝展」が出光美術館で開催されるのか、本展のカタログを読むまで、全く分からなくて、多少気持が悪かったのである。出光美術館といえば、中国や日本の古陶磁、あるいは仙厓や白隠の展覧会なら、その蒐集で有名なこともあって、何となく分かるのだが、宗像大社国宝展とは？きっと読者の中にも腑に落ちずに、気分を悪くされた方もおられると思うので、蛇足だがカタログで知ったことを、二、三書かせてもらう。

一つは、出光興産株式会社の創業者で、出光美術館創設者の出光佐三《いでみつさぞう》（明治十八年〜昭和五十六年）は、福岡県宗像市赤間の藍問屋、出光藤六の二男として誕生したこと。

二つは、出光佐三は幼時から宗像神社に参詣し、宗像大社と宗像大神への尊崇の念が篤かったこと。

三つは、実業家として成功した出光佐三は、宗像大社の荒廃を知り、昭和十七年「宗像神社復興期成会」を形成し、会長として様々な復興事業を行ったこと。

等である。私はこれらのことを知り、出光美術館が本展を行うわけを理解した。そして、息子が最近、福岡市城南区に、定住の為の家を建てたことや、私の守護神が天神様であることを、深い御縁と考えて、今度福岡に行ったら、必ず宗像大社へ参拝に行こうと思ったのである。

青山と柳と猪口《あおやまとやなぎとちょこ》

藍絵のソバ猪口がつなぐ二人の眼利き

暑い夏には何もしないで、ただボーッとしていようと思っている私だが、そんな時にかぎって、滅多にこない原稿の仕事や、講演の依頼が入り、中々うまくいかない……。

今も短い原稿をポストに投函してきたところで、すぐ机に向っている。というのも四日後に、故郷の富山で講演をする約束をしており、何時もより早めに筆をとらないと、ここを埋められなくなるからである……。

でも、暑い夏を愚痴っても始まらない。問題は今回、何を紹介するかである。

私は色々考えた末に、ソバ猪口を紹介することにした。というのは染付の猪口は如何にも涼し気なのと、今送った原稿が、「青山と柳と猪口」という題で、青山二郎と柳宗悦との関係を説いたうえで、両者をソバ猪口がつないでいたといった、まるで骨董学科の試験問題に答えるような原稿を、書いて欲しいというものだったからである。

さて、というわけで、諸々の影響の下でこの稿を進めると……、青山は柳より十二歳も若かったが、大正十二年、二十二歳頃から、柳の家に出入りするようになる。そして、河井寛次郎に「分け柳」と渾名《あだな》されるほど、柳に私淑する。しかし昭和七年くらいから、柳を一方的に敬遠する様になり、以後、死が二人を別つまで没交渉になる……。

一二八頁の写真はそんな青山と柳の、大正十二年辺りから始まった交流が確信させた、ソバ猪口（径六・八センチ）、即ち下手物、即

ち民芸の、「美」を示すものである。柳は後に『藍絵の猪口』という小冊子を著わし（昭和十七年六月）、そこで「私が器物の美しさに誘はれたのも、是等のものが最初の仲立ちであった」と書いて、掲載した柳文の猪口と全く同じ物を含む、様々な染絵を描いた四十点の猪口を、写真紹介している。

また、青山が晩年に蒐集し、死ぬまで大切にしていたソバ猪口にも、写真と同じ柳文の猪口がある。このことは二人の稀代の眼利きが、同じ猪口を愛して止まなかったことを示し、民芸研究家には興味深いものがあるといえよう。

こんな風《ふう》にソバ猪口は、やがて民芸運動の指導者として、巨人になる柳宗悦と、私淑していた柳と別れ、やがて世に埋もれて、「外車に乗った高等遊民」と揶揄される青山二郎との、若き日の絆を語るものであった。

柳の死後十八年を経た昭和五十四年に亡くなる青山が、老境に入って猪口の類を積極的に買い集め、最後まで愛でていた事実を、近年になって伺うにつれ、やはり民芸は、猪口に始まり猪口で終る観を持つのは、一人私だけではないように思うのである。

掲載写真は四点共、小生の猪口である。一二六頁の右は垣根文とでも呼ぶのか、染付の色が美しい作品だ。左は赤絵の薊文が活活と描かれた佳品である。酒用の盃にピッタリの品で、昔、長野善光寺門前の骨董店で求めし品。柳文の猪口二個は柳先生、青山氏にあやかった品で、列べて柳青山《やなぎあおめるやま》と言いたい……。

伊万里染付猪口。前が柳文で後が山水文になっている。

2章

Mingei

Shigeo Otsuka's White Houses ――

大塚茂夫さんの白い家

**いわば心象風景。
簡素な
ロマネスク風の家**

私の住む小原の町は、甲州街道に沿うこと二町半の、宿場町だったことから、町の中央に神奈川県で唯一残る、江戸時代後期建造の本陣を持っている。町民はこの本陣という古い建物を誇りにしており、二十年程前の甲州街道整備事業で出来た広い空地に、本陣見学者用の無料駐車場と、「小原の郷」という小さな資料館を造った。

小原の郷は十年間、本陣関係の僅《わずか》な資料を展示してきたが、数年前から、町の活性化を考える人達から、物置化した小部屋の活用を訴えられ、どうした訳か、私に古民芸品展示の依頼がくるようになったのである。

私は一回だけのつもりで四十点程の品を、小原の郷の小部屋を含む一画に展示した。ところがそれ以来、テーマを決めて、二ヶ月半程の展示を、年に二回行うことになってしまった。そして、その展示は今年の夏で六回を数え、今度も「民芸運動の作家」展と称して開くことになった。

面白いもので、超ミニな展覧会でも、真面目に展示していると、物は不思議な力で人を呼び寄せるようで、今回は会いたく思っていた人が、何人か見に来て下さった。

その一人に大塚茂夫さんがいた。大塚さんは今や陶芸の里として有名な、栃木県益子町に生まれたことから、益子で最も手広く陶業を営んできた塚本製陶所に、二十三歳の時に入社して、それ以来ずっと陶芸に携わってきた人である。もっとも製陶所は六年で辞めて、昭和五十二年に二十九歳で、益子

道祖土《さやど》に窯を築いて独立している。

独立してから益子の偉人、浜田庄司に倣《なら》い「用の美」を主唱する民芸を志して、日常の生活に役立てる品物を、日本民藝館展、国展、日本陶芸展、国際陶芸展等々に出品し、繰返し入選。昭和五十六年に国展で、前田賞を受賞したりしている。

私が大塚さんを知ったのは、日本民藝館員に成り立ての昭和五十三、四年頃である。日本民藝館展に出品された普段使いの、自然で大人しい、当り前の作品に好感を持って、益子の窯場を訪ねたのを覚えている。今考えてみると、ほぼ四十年も前のことで、思えば二人は長い付き合いなのだ……。

その大塚さんが十年程前に、東京、青山のべにやさんで個展をした時、あれっ？ と思ったことがあった。紹介すると、次のようになるかと思う。

私はその時、何時もの糠釉と黒釉を使って、白と黒の掛分模様を施した静かな食器類が、列《なら》んでるのだろうと思って会場へ行った。すると如何《どう》だ。白い家の焼物ばかりが列《なら》んでいるではないか。一瞬会場を間違えたか？ と思ったが、何時もの調子で、静かに微笑む大塚さんの姿が、会場の奥にあるではないか。

私は初めて見る作品群について、「如何したの？‼」と尋ねてみた。すると、以前から遊びで、豆腐やダンボールを使って、中世ロマネスク風の建物を作ってたら、そんなに好きなら焼物でやったらと、アドバイスしてくれた人が居たもので……、との返事だ。私は何となく、納得した。そして、中世ロマネスク風家を、一軒一軒ていねいに観た。

なるほど、これは好きで好きで、仕様がない人が、作った家だ。良いとか、悪いとかの世界を、飛び越えた焼物だ。物というより、心というべきものだろう。絵画で言えば、心象風景画だ。静かで、落ち着きがあって良いじゃないか。何よりも真似でないのが良い。見てると、大塚茂夫自身を観ているようだ。やったね、大塚さん。これからはこの家造りを、ライフワークにしていけば、きっと生活苦から逃れられるよ。苦節二十五年、ようやく金脈を掘り当てたね!! お目出度う。私は白い家を見ながら、大塚さんの陶芸家人生を祝した。

一三一頁の写真がその家群である。

大塚さんはそれから十年で二百の、白い建物を造ってきた。私の予感は当ったのか、はずれたのか良く分からない。ただ大塚さんは黙々と、幸せそうに今も建物造りに励んでいる……。

Chie Kodaka's White Porcelain ———

小高千繪さんの白磁

やわらかい白地が しっかりとした形を 際立たせる

骨壺の作製を依頼した諏訪の女性陶芸家を訪ねたことから、「アフリカの占い盆」を写真紹介したが（六一頁）、それを読んだ例の女性読者から電話が入った。

「最初に骨壺のことが書いてあるから、てっきりあなたの趣味を知る良い機会だと思って、ワクワクして読んだのに、占い盆とは何よ!!」「目を掛けてきた磁器作家の彼女って、誰?・」「私も知ってる人?・」と、文句を言いながらも、女性らしい好奇心一杯の質問だ。私は適当にはぐらかしながら、「有難い電話だなぁ。これで次の原稿がまた書けるね。君は福の神だよ!!」と、感謝して受話器を置いた。

ということで、今回は諏訪の女性陶

芸家を紹介する。お名前は小高千繪さんで、長野県下諏訪の生まれである。彼女は昭和五十年から四年間、東京芸術大学工芸科出身の、お父様の仕事の関係で、フランスのパリで小学生時代を過ごした。そして、昭和五十一年にパリで開催された芹沢銈介展を見学したことで、日本の手仕事に関心を持つようになり、長じて東京造形大学へ入学し、彫刻を学んで平成五年卒業した。卒業後独学で焼物造りを学び、平成十一年日本民藝館展に初入選。以後今日まで連続入選し、平成十七年、十九年には奨励賞を受賞している。ざっと彼女の経歴を書くと、こんなことになる。

　私がそんな小高さんに、初めて会ったのは、平成十一年になるのかしら？「日本民藝館展の出品作を見て欲しいと、可愛い女性が言ってますが……」と、民藝館展の担当者から連絡が入って、彼女に会ったのを記憶している。

　その折、一閑人楽士《いっかんじんがくし》高台蓋物《こうだいふたもの》や一閑人箸置やシチュウ鍋を見せられたが、多少お嬢様芸風（ごめんね）の作品だった。ただ、一閑人の像が、中々良いので私はそこを心から誉めた。

　すると「日本民藝館展にこれ等を出品したいのですが」とのこと。そこで、一閑人といった閑人《ひまじん》のする様な仕事はやめて、当り前の仕事をしなさい。あなたは才能豊かな人のようだから、日本民藝館展には、使い易い無地物を心掛けて、一生懸命作ったものを出品しなさい。でも彫像は中々良いので、何時か他の姿で花を開かせるよう、研鑽を積み重ねて下さい。などとアドバイスして別れた。

その小高さんは、三点中の一作品（シチュウ鍋）が入選したのをきっかけに、本格的に陶芸の道を歩く決心を固めるのである。そして、小高さんは四国の愛媛県砥部《とべ》で、「用の美」を志す磁器作家として、民芸関係から注目されていた池本忠義氏の工房へ、都合のつくかぎり勉強に通い、技術を研《みが》いて、その後の日本民藝館展で、奨励賞を繰り返し受賞するまでになったのである。

今や、諏訪はもちろん、松本等々の、信州のギャラリーをはじめ、都会のお店で、作品が扱われるようになった小高千繪さんは、健やかな日用品作りを志す作家として、盤石の道を歩いていると言って良いだろう。


一三五頁は小高さんの作品である。私が千繪さんのおつかけになって、求めてきた物からアトランダムに選んだもので、みな使い易くて美しい、日用品である。小さな蛙が乗ってる豆腐の様なものは、出会ってすぐの頃、彼女からいただいた水滴である。私はこれを見て、この人は大丈夫と、確信したのである。

Hajime Ishikawa's Bowls ——

石川雅一氏の浅鉢

平茶碗としても使える、おおらかな白のバリエーション

石川雅一《はじめ》氏から個展の案内がきた。彼とは三十数年来の交際で、気心も知れているので、遠方でない限り、出来るだけ見に行くことにしている。しかし、正直なところ、石川氏は馬力があるせいか、他の作家に較べると、その回数が多いように思う。だからというわけでは無いが、何故かタイミングが合わなくて、私はこのところご無沙汰していた。

会期二日目の秋分の日、私は日本橋高島屋の芹沢銈介展の取材を兼ねて、編集氏とカメラマンと三人で、石川氏の個展会場の、ギャラリー江《こう》へ行った。石川氏の個展と、そんな取材の日が重なったのは、二人にとってラッキーだった。というのは、私はここで、彼の作品と大塚茂夫氏の「白い家」を、同

じ益子つながりと、付き合いの古さから、是非紹介しようと思って、両者に参考になる陶歴を記した書類を送るよう、頼んでいたのである。ところが大塚氏からはすぐ来たのに、石川氏はなしの礫《つぶて》だった。私は諦《あきら》めることにした。

そんなことから、会場に居た石川氏を見るなり、私はその事を詰《なじ》った。するとＦＡＸで流したとのことだ。うちにＦＡＸはないのである。完全な行き違いである。結局編集氏が、まだ間に合うというので、私は幸いギャラリーが持っていた、石川氏の陶歴書をもらって、彼の作品も何とかここに、ご紹介できるようになった……。

さて、いただいた石川雅一氏の陶歴を、乱暴な書き方で恐縮だが、そのまま記す。

昭和三十二年　宇都宮に生まれる。

昭和五十一年　栃木県立宇都宮高等学校卒業。

同年　栃木県窯業指導所入所、伝習生となる。

昭和五十二年　同所研修生となる、かたわら村田浩氏の仕事を手伝う。

昭和五十四年　岐阜県久々利大萱の吉田喜彦氏に師事。

昭和五十八年　合田陶器研究所で仕事をする。

昭和六十年　現在地に仕事場、登り窯を築き独立。

国展・日本民藝館展に連続入選／日本民藝館展奨励賞受賞／栃木県立美術館「千年の扉」に出品／益子焼選品会・優秀賞／益子町商工会賞受賞。

である。

　石川氏は読んで分かるように、若い時から志した陶芸の勘所を、岐阜県大《おお》萱《がや》の荒川豊蔵の優秀な弟子だった、吉田喜彦氏から学んだ後、故郷栃木の一大窯業地である益子に行き、そこで浜田庄司や島岡達三に畏敬されていた合田好道氏から、民芸を根幹にすえた美の真髄を教わり、二十八歳で益子町大沢字四本松の現在地に、仕事場と登り窯と住まいを築き、今日に至っている。

　私は昭和六十年に窯を築く折、石川氏が登り窯にするか、電気や油やガスにするか迷っていた時、若いのだから中途半端な考えを持つな。登り窯で、焼物の美の王道を歩め。と発破をかけたりしたのを思い出すが、今から思うと冷や汗ものの無責任な意見で、その後の石川氏の努力に、かえって私が救われたことを、ただただ感謝しているのである。

石川氏は幸い父上の援助もあって、それから三十年間、エネルギッシュに制作に励んできた。古染の麦藁手筒碗に見る様な、線を引いた湯呑等から始まった作品造りも、すぐにライフワークとなる粉引の手法の皿や碗が中心になり、最近は今度の展覧会場で見た辰《しん》砂《しゃ》や鉄釉の仕事も加わる様になって、作品に奥行と幅が出来ている。

私は石川氏の無地刷毛の浅鉢の仕事が好きで、家庭料理に使った後、甘い物が欲しくなると、使い終わったそれを洗って、平茶碗に見立てて菓子ととも に抹茶を飲む。そして、繁繁と眺め、真実の貧の茶に叶う、美事《みごと》な雑器よ!!と感心しているのである。

写真は今度の個展で、そんな私の話を聞いた編集氏とカメラマン氏が、同様の使い方をしたいと、買い求めた浅鉢二点と、石川氏が近頃目標にしている白は、「中国宋代の白磁に見られる白で……、例えばこれですね」と、指差した小ぶりの浅鉢で、なるほどと思って私が求めたものである。

帰りがけに感想をと、彼が言うので、「しばらく見ない間に、太ったのには驚いたけど、作品も皆、ゆったりと大きく立派になったのに感心したよ。まるで今を時めく、相撲の逸ノ城みたいだね。嬉しいす!!」と言って個展会場を後《あと》にした。

Taishu and Naoyuki Inoue's Pottery ——

井上泰秋、尚之の作陶

古作の復活といまに生きるスリップ・ウェア

最近、男ノ子《おのこ》焼と名札に記して、売りに出されていた三耳壺《さんじこ》を買った。恥ずかしながら、男ノ子焼という名称は初耳だったのと、私の見るところでは、その壺はどう考えても、黄《き》小代《しょうだい》と呼ばれる熊本の、小代（岱）焼の古作である……。そこで店主に、その辺りのことを尋ねると、

「慶長二年（一五九七）に立花宗茂《たちばなむねしげ》は、朝鮮から連れてきた陶工に、福岡県八女市立花町北山の男ノ子で開窯させた。その後、柳川藩主立花鑑虎《あきとら》（在位一六六四〜九六年）の代に、熊本県小岱山の麓《ふもと》へ移った。そして、褐釉や黄釉を掛けた茶壺等を、作ったりしてたが、何時の間にやら閉窯した。だから細川家が庇護した小代焼より古い焼物なので、小代焼の元《もと》と言って良いのが、男ノ子

焼（窯）です」

　ということだった。なるほど、一般的に黄小代と言っている、小代焼のルーツをたどると、男ノ子焼になるということか。だから黄小代は、正確にいえば小代製男ノ子焼なのだ……。私は合点した。しかし、細川家（藩）が庇護した小代焼は、『角川・日本陶磁大辞典』（小生の共著）によると、「寛永九年（一六三二）の細川忠利の肥後転封に際し、豊前上野の陶工源七（牝小路《ひんのこうじ》家初代）と八左衛門（葛城《かつらぎ》家初代）もこの地に移住し、共同で窯を開いた。正保元年（一六四四）には御赦免開《ごしゃめんびらき》の田畑が与えられた。云々」と、あるように、男ノ子焼より早く小岱山の麓で、小代（岱）焼を始めているので、元《もと》というのは当たらない。

　とにかく、男ノ子焼が開発した黄小代と呼ばれる釉の技法は、その閉窯と共に消失したのか、細川藩庇護の小代焼に取り込まれて続いたのか、学者でない私は、知る由もないので、その辺は曖昧にしておこう。

　さて、私はそんな三耳壺の上部に、黄釉を掛け流して文様にした男ノ子焼、即ち小代焼の古作を買って、粗にして野だが卑ではない風情を、毎日眺めて楽しんでいた。すると不思議なことに、銀座八丁目の民芸店たくみから、「小代焼ふもと窯　井上泰秋・尚之作陶展」の案内がきた。私は直観の仕事をしてきたせいか、自分のテレパシーは、結構鋭いものがあると思っているので、宜《むべ》なるかなと思った。

井上泰秋《たいしゅう》氏は、先に少し記した歴史を持つ、熊本県は小代焼の、伝統を復活させた人である。井上氏は若かりし頃、芸術家になりたいという思いから、京都で焼物をやっていた日展評議員で陶芸作家の、森野嘉光《もりのかこう》に弟子入りし、焼物修業に励んだ。昭和四十年に故郷の熊本へ帰って独立する時、倉敷民藝館長の外村吉之介《とのむらきちのすけ》に会って、民芸の話を聞いた。

それまで民芸協会に所属していた熊本の知人から、古小代焼を初め、様々な民芸の焼物を見せられ、民芸の素晴らしさを聞かされていた井上氏だが、自分の目差す焼物は、そのような台所用品ではない、少なくとも京都で森野先生と、窯を共用していた河井寛次郎先生クラスの、芸術品を目差すのだ!!と思っていた。だが井上氏は、外村の諭《さと》すような、民芸の話にすっかり感動し、眼から鱗が落ちた。そして、これからの自分は、明治から大正期に閉窯していた、小代焼の復興に命を捧げようと、決心した。

それから今日まで、井上泰秋氏は熊本県荒尾市府本に、大きな登り窯を築いて、江戸期の小代焼の研究を重ねながら、古作に勝るとも劣らない、美事な民芸品を作り続けている。

井上尚之氏は、泰秋氏の息子である。私は泰秋氏とは三十五年の交際で、私の従兄弟《いとこ》の息子が焼物をやりたいから、先生を紹介して欲しいといってきた時、泰秋氏の人柄と技量に惚れていた私は、泰秋氏の下で学ぶよう勧めたのである。そんな関係から、尚之氏が高校生の折、東京へ遊びに来たので、べにや民芸店の奥村氏と三人で、食事をしたりした。その時、彼がどんなに父を尊敬しているかを、私達に縷《る》縷《る》語るのに、驚きつつも感心したのを、今も私は忘れていない。

その尚之氏が、父の仕事を受け継ぎ、いまや立派に泰秋氏の築いたふもと窯を、牽引しているのである。否、それどころか、バーナード・リーチと浜田庄司が日本に伝えた、イギリスの日常品用スリップ・ウェア技法を良く勉強し、今や小代のスリップ・ウェア食器と呼べる品を、沢山産み出しているのである。

私は先に書いた小代製男ノ子焼、即ち黄小代の三耳壺をつらつら眺めて、尚之氏が誕生させたスリップ・ウェア食器のルーツが、実は小代焼古窯にも、あったことに気付いたのだが、それを余り意識しないで、現代の小代焼食器に、その日本版スリップ・ウェア技法

を、多少西洋化して上手に復活させた尚之氏は、天才だと思っているのである。

右頁は、井上泰秋氏の、湯呑と盃。左が尚之氏の、豆皿と大小の飯碗である。泰秋氏の湯呑は、かってふもと窯を訪ねた時に、求めた品で、私がずっと愛用しているものである。盃は銀座たくみでの、親子展オープニング・パーティの引き出物である。尚之氏の作品は、家内の言い付けに従って、「井上泰秋・尚之　作陶展」で、買ってきたものである。安価な品の中から、更に安い品ばかり求めてすみませんね、尚之さん。……泰秋さん、今回は息子さんを優先して、買わずに帰ってきました。御免。でも展覧会は、さ､す､が!!　で、民芸万歳と思いました。

Yoneshi Matsuda's Work ———

松田米司親方の仕事

北窯たばねる人の力と窯の歴史

「ドキュメンタリー映画を作っている川瀬美香といいます。沖縄県読谷村《よみたんそん》『北窯《きたがま》』松田米司《よねし》親方を撮らせていただき映画を制作中です。／私は二〇一三年より月に一回、読谷へ通い少しずつ撮影をしています。工房に居座り、ずうずうしくもお弟子さん達と共にまかないをいただき撮影は勝手にさせていただき、大変自由をいただきながら進めています。／私は焼き物は素人です。米司親方の事も全く存じ上げていませんでした。ただ偶然、米司親方がベトナムに白い土を探しにでかける事を知り、それに興味を持ち、ベトナムへついていきました。その後、土作り、作陶、登り窯への火入れ、沖縄の自然を撮ってきました。撮影も自分でしています。／映画の内容は、土、やちむん（焼物のこと）、沖縄の歴史、北窯のはじまり、親方たち、親方のチャレンジ、工房の日常、生活の中の器、などを想って作っています。／この春、米司親方と話していた際に尾久彰三先生の話になりました。親方が若かった頃に尾久先生と講演会で同席させていただいた事を伺いました。それが親方にとって大変に楽しい思い出だったようで、まるでいたずらっ子の表情をされました。／そしてこの度、サライ7月号を拝見しました。私もイメージをする事ができました。もし尾久先生にお会いしお話を伺い、撮る事ができたら、これは映画にとって素敵な要素になるのではないかと想像しました。／云々（略）。」

　という手紙をいただいた。結局、私は沖縄の中頭《なかがみ》郡読谷村に、「北窯」を造った四人の親方（沖縄では組織を束ねる人を親しみをこめて親方と呼ぶ）の真ん中にいた、松田米司親方の人物紹介と、沖縄の陶芸史の概説をすることになった。

「北窯」というのは、沖縄生れの四人の青年、與那原正守《よなはらまさもり》、松田米司、松田共司《きょうじ》、宮城正亭《みやぎまさたか》の各氏が、一九八六年に「北読谷山窯・企画書」を、村に提出して始まった窯業のことを指す。

沖縄には縄文土器から始まる焼物史があるが、本格的な窯業技術は、薩摩に連行されていた佐敷王子（後の尚豊王）が、文禄・慶長の役で、やはり薩摩に連行されてきた三名の朝鮮人陶工を伴って、一六一六年に沖縄へ帰国することで伝わった。そして、操業を始めて、最初の窯を湧田《わくた》窯と名付、その後、喜名《きな》窯、知花《ちばな》窯、宝口《たからぐち》窯、古我《こが》知《ち》窯と、沖縄本島の各所で、盛んに窯業を行っていった。しかし、やがて琉球王府は一六八二年に、湧田、知花、宝口の三窯を、牧志村に統合し、壺屋《つぼや》窯とする。そして壺屋窯は、今日まで延延《えんえん》と操業を続けるが、今や壺屋地域は賑やかな繁華街となり、窯元の多くは県の指導もあって、読谷村等々に、移らざるを得なくなっているのである。「北窯」はそんな時代の流れに、巧まずして上手に棹《さお》をさし、何とか現在の隆盛を迎えた窯であると言えるだろう。四人の名前で出した企画書は、無事承認され、村の後押しもあって、銀行から借金も出来、その志は叶えられたの

である。
そんな北窯の約三十年の歴史を、中心で支えてきたのが松田米司氏である。ブルドーザーを運転して敷地を整えたり、役所や銀行との様々な折衝を片付けたりして、四人の親方のそれぞれの工房と、巨大な共同登り窯を、何とか読谷村に現出する為に、絶えず四人の心を調整し、団結させたのである。
私は米司親方の人柄を思う時、何時も宮澤賢治の詩の冒頭を思い出し、詩と親方を重ねる。「雨ニモマケズ　風ニモマケズ　雪ニモ夏ノ暑サニモマケヌ　丈夫ナカラダヲモチ　慾ハナク決シテ瞋《イカ》ラズ　イツモシヅカニワラッテキル　一日ニ玄米四合ト　味噌ト少シノ野菜ヲタベ　アラユルコトヲ　ジブンヲカンジョウニ入レズニ　ヨクミ

キキシワカリ　ソシテワスレズ……」という処である。そして、米司親方に会う度に「サウイフモノニ　ワタシハナリタイ」と、賢治があこがれた人を、観たように思うのである。

そんな米司親方に惚れ込んで、「北窯」の映画を制作している川瀬美香さんは、京都で染色家の吉岡幸雄氏を中心に撮った、「紫」というドキュメンタリー映画で知られる、若手女流作家である。「北窯」（仮題）は二〇一五年春に完成の予定で、公開は単館映画館、各地上映会を通じて行うそうなので、楽しみである……。川瀬美香さんのおかげで、松田米司親方を紹介する御縁を、結ぶことが出来て私は幸せに思っている。

写真は全部、米司親方の作品である。藍と飴と緑の釉を点打ちした角瓶は、河井寛次郎が壺屋窯で製作した、同様の角瓶をヒントに、親方が作った物だが、すっかり親方の、否、沖縄の角瓶になっているのに感心する。三個のカップは、モーニングカップと猪口である。赤絵は米司親方の持つ強靭で謙譲な性格を、良く現わすもので、私は米司赤と呼べる独特のものになっていると、ずっと注目しているのである。

Konosuke and Shoji Hamada

幸之助と浜田庄司

経営の神様が支援した美の達人たち

二〇一三年八月二十五日まで、東京・新橋のパナソニック汐留ミュージアムで「幸之助と伝統工芸」展を行っていた。開館十周年記念特別展で、この美術館誕生の因《もと》を作った松下電器の創業者、松下幸之助蒐集の工芸品約九十点を展示している。

展覧会カタログの「ごあいさつ」に、『経営の神様』と呼ばれる松下幸之助が我が国の伝統文化に理解を示し、その普及を支援していたことはあまり知られていません。美術品を見る目は持ち合わせていないと言いながらも、実際には、多年にわたり絵画や工芸作品にいたるまで美術品を収集したり、公益社団法人日本工芸会などの団体の役員を務めるなど、文化支援活動を続けていました」とあるように、松下幸之助は昭和二十五年に成立した文化財保護法に沿って開催されることになった日本伝統工芸展の影響もあって、昭和三十年に無形文化財の保護と後継者の育成を目的として、重要無形文化財保持者、いわゆる人間国宝の人達が中心となって設立した（現・公益）社団法人日本工芸会の慢性的財政難に対し、永年の支援をした人である。

そんなことから幸之助の下《もと》には、人間国宝の作品は言うに及ばず、優れた伝統的工芸品が集まった。本展はそれらの中から選び抜いた品と、幸之助に文化支援の道を歩ませるべく導いた、茶の世界の幾つかの器を展示している。因みに、彼は昭和十三年、四十三歳から茶を学び、茶とは「素直な心を育てる道」と会得したという……。

私が「幸之助と伝統工芸」展を紹介するのは、「見る目は持ち合わせていない」と素直に宣言しつつ、立派な美の仕事をなした松下氏に敬意を持ったからである。なお、写真は本展に陳列されていた人間国宝・浜田庄司の、美事な角皿に触発されて掲載した、小生所持の浜田の釉描角皿（二〇センチ角）と、万頭皿である。

角皿は幸之助の品の四分の一位の大きさだが、迫力は変わらない。柄杓から釉薬を掛け流して描いた文様の勢いも申し分ない。万頭皿は直径一〇センチで、食卓で使う取り皿として丁度の大きさである。筆で流し掛けの様な、自然で力強い線が描いてある。両者共小さな台所用品だが、浜田の到達点を示す、優れものに思って大切にしている。

Maki Fushimi's Lacquerware ―――

伏見眞樹さんとその仲間

健やかな生活にかなう、湘南の漆

伏見眞樹さんから、展覧会の案内がきた。タイトルに「湘南の漆」とある。会場は銀座のギャラリー江だ。

それを見て、今度は行けそうだと思った。というのも、ここ二、三年、伏見さんからもらう案内に記された会場は、私が行き慣れないところばかりだったからである。

今回のギャラリー江は、民芸関係の作家展を、よく催すギャラリーだ。私も何度か訪ねたことがある。あとは会期を忘れないことだと思い、私は日記帳に日付を書き込んだ。

七月中旬、真夏に漆の展覧会とは、買う人がいるのかしら、等と思いつつ会場に行った。沢山の漆器が列《なら》んでいる。一回りして、複数の人の個性を感じたので、女性オーナーに聞いてみた。伏見さんだけの作品ではないのですね……。

ええ、伏見さんの漆工房がある湘南で、お仕事をなさってる若い方達、四人の作品も列んでます。お名前は、佐藤智洋さん、堀田洋二さん、日向龍さん、横田朋子さんです。

なるほど、私はそれを伺って合点した。案内の添え書きに、〝若手も頑張っていますので、よろしくお願いします〟とあったわけを……。

展覧会は、今時のモダニズムを含む、用にかなった作品ばかりで、とても良かった。きっと伏見さんを中心に、普段から柳宗悦流の「用即美」の、勉強をしておられる方達なのだろう。柳先生の主唱した民芸が、徐々に消えつつある時代を迎えた今日、真に必要なのは、健やかな生活を志し、優れた製作技術を身につけ、良きものを守り抜くという、確固たる意志に燃える若者の存在である。そんな個人の情熱が無いところには、これからの民芸は成立しないと思われる。

私は今風の若者が闊歩する感のある湘南に、そんな民芸の未来を託す、数少ない工人達の存在を知って、大いに喜んだ。きっとこの背後には、漆という地味な、根気のいる仕事に携わる、伏見さんならではの、地道な努力があるのだろう。

私は大好きな民芸の為に、そんな縁の下の力持役を、してこられた伏見眞樹さんを、心から尊敬し、ここで改め

て伏見さんに感謝の念を捧げたく思う。

写真は展覧会場に並んでいた伏見氏の作品である。もちろん伏見さんには椀、皿、盆、箱などの優れた作品があるが、私は昔から、このスプーンとフォークのセットも好きで、伏見さんが初めてこれを、日本民藝館展に出品したとき、これこそ今日の現代人に、豊かさと幸福感をもたらす真の民芸品だと、、観じて絶賛したのを思い出す。竹と漆のコラボが、絶妙で気高い品だ。

Nobuo Shoji's Tableware

庄司宣夫さんの食器

素人っぽさの残る
素朴な焼物が
手離せない

写真紹介するポットと湯呑は、古くからの友人が作ったものである。友人といっても私よりも六歳も年長だから、先輩という方が正しい。お互いに民芸を通じて、気心の知れた仲だという意味での友人だ……。

でも、先輩は長崎民芸協会の事務局を、引き受けてから何年経つのだろう。私が日本民藝協会の事務局長として、日本民藝館の募金のことで、長崎を初めて訪ねた時、暖かく迎えて下さったわけだから、少なくとも三十六年より上である。そして、二度目に長崎へ行った時、先輩は確か長崎県庁の職を離れ、工芸と喫茶の店欅《けやき》を始められたと思うが、私の頭脳も怪しくなってきたので、と思うくらいにして、話を前に進めよう。

先輩の名は庄司宣夫《しょうじのぶお》さんである。長崎民芸協会の事務局長を、欅という名の喫茶店を経営しながら、四十年近くも引き受けて下さっている。庄司さんは喫茶店で使用するカップ、皿、シュガーポット、ミルク入れ等々の器を、自分の気に入った物で揃えようとしたが、しっくり来る品が無かったので、自分で作ることにしたそうだ。

初めは電気轆轤を自宅の小屋に据えて、先に記した品物を作っていたが、二十年くらい前、沖縄の読谷村に、北窯が出来たと聞いて、大胆にも松田米司親方を訪ねて、仕事場の隅で、居候《いそうろう》弟子を決め込んだという。だから庄司さんの先生は、松田米司親方になるが、長崎と沖縄を数年間、行ったり来たりして、陶芸の仕事も、今はすっかり板につかいた。そして、十年程前から、松本や倉敷や東京で、食器展と銘打って、展覧会を開くようになっておられる。

写真のティーポットは、信州松本の、松本民芸家具ショールームで行った個展の折、私が買った品である。私は庄司さんの緑釉が好きで、求めた器には、大抵うすい緑釉が掛かっている。何時の頃からか、コーヒーが離せなくなった私は、コーヒーを入れて座辺の友としているのである。

湯呑は一番最近、渋谷の「わ」で開いた会で、買った物の一つである。この湯呑にも緑釉が掛けられ、飴釉とのコントラストが、静かな春の草原を思わせ、爽《さわ》やかで暖かな風情を感じさせる。そして、私に春の幸福な時間の記憶を蘇《よみがえ》らす。

庄司さんならではの、淡く控えめな謙譲の美を見せる作品達は、どちらかと言えば、バーナード・リーチの、素人っぽさの残る作品に似ているといえよう。だからという理由《わけ》ではないが、庄司さんの作る物は、家庭の中で黙々と働いている時、最もその輝きを見せてくれるのである。従って、展覧会の審査のような、上段に構えた場では、その良さは分かりにくい作品に思う。私はそんな品こそ、素朴さを何よりのものと考える、民芸に叶う良い品だと、思っているのだが……。

Bowls made in Hagi ———

萩の飯碗

萩ならではの釉薬をまとった素直なかたち

小学館の『サライ』が、中高年のおじさん、おばさんを対象に、焼物に興味を持ってもらう為の、特集を組むので、知恵を貸して欲しいと、友人を介して頼んできた。

私は趣旨を良く把握しないまま、担当の方達数人と、二度ばかり打ち合せをした。大したことも話さないうちに、大体のことが決まり、焼物の産地から唐津、有田、小鹿田《おんた》、萩、九谷、伊賀、美濃、瀬戸、益子を取材することになった。そして、私もどこか訪ねるようにと言われ、萩へ行くことになった。萩は九つの窯業地の中で、唯一私が訪ねたことのない産地だったので、この機会に是非見学したいと思ったからである。

さて、そんな理由《わけ》で、私は家の周囲

の満開の桜を、味わう間もなく萩へ向った。実は私は十年ぐらい前に、女房と出雲へ行ったついでに萩を訪ねたのだが、その折は幕末の志士達の旧跡を観るのに忙しくて、民芸の世界で多少邪険に扱われていた萩焼に、あまり頭が回らなかったのである。しかし、今度初めて萩焼の窯元を幾つか訪ね、私は目から鱗が落ちる思いがした。

　というのは、『手仕事の日本』で萩焼について、「茶趣味が高じて来て、わざわざ形をいびつにしたり曲げたりするので、今はむしろいやらしい姿になりました。自然さから遠のくと美しさは消えてゆきます。こういうことがよく解ったら、今の萩焼とても、ずっとよくなるでありましょう」と評した柳宗悦の予言どおり、私が訪ねたギャラリーや窯元には、素直な姿に、萩特有の自然な釉薬をまとった器が、沢山列《なら》んで、江戸の昔から高名だった所以《ゆえん》を、観じさせてくれたからである。

　写真はそんな中から選んだ、萩土産の飯茶碗二点である。そんな私の思いが、伝わってくれればうれしいのだが……。

Shoko Kanazawa's Calligraphy ───

金澤翔子さんの書

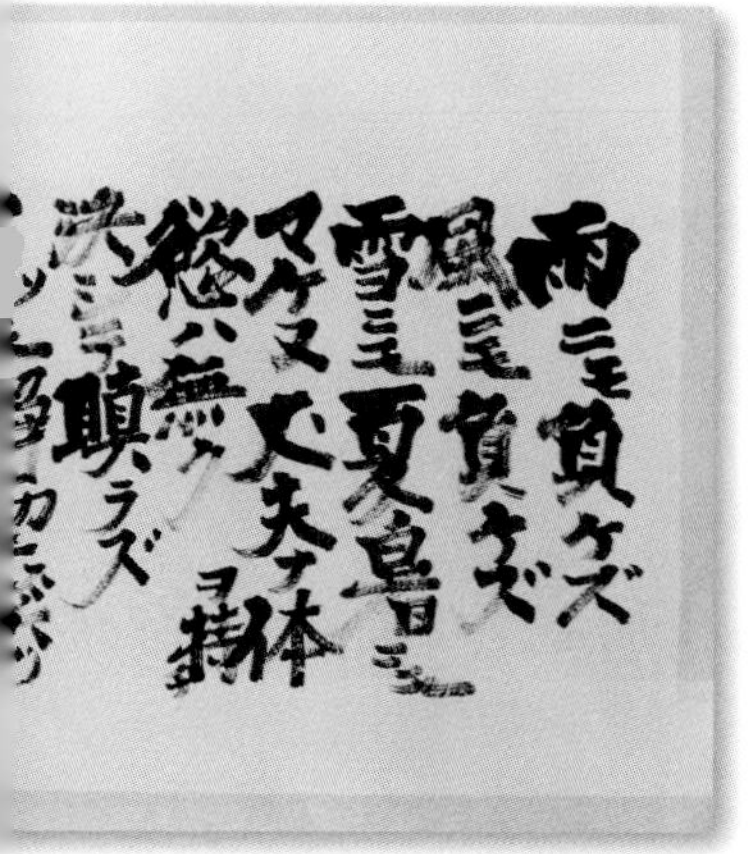

無心に ひたすらに書いた 天性の書

二〇一三年正月四日から十日間、私が住む田舎町で、金澤翔子展を行うというので見学に行った。と言っても、イメージが湧かない人が多いと思うので、簡単に説明すると、金澤翔子さんは、二〇一二年、NHKの大河ドラマ『平清盛』の題字を揮毫《きごう》した書家である。彼女はダウン症として生まれたが、知能障害をものともせず、母親の庇護のもと二九歳の今日迄、天真爛漫に生きてきた。母親が書の先生なので、彼女は四歳から自然に筆を持って遊び始めた。母親は字を書くことを喜ぶ娘を見て、この後彼女が過さねばならない膨大な時間を考え、書の指導をすることにした。書いたものは、二十歳まで人に見せなかったが、翔子の記念にと思って展覧会を開いたら、涙を流して

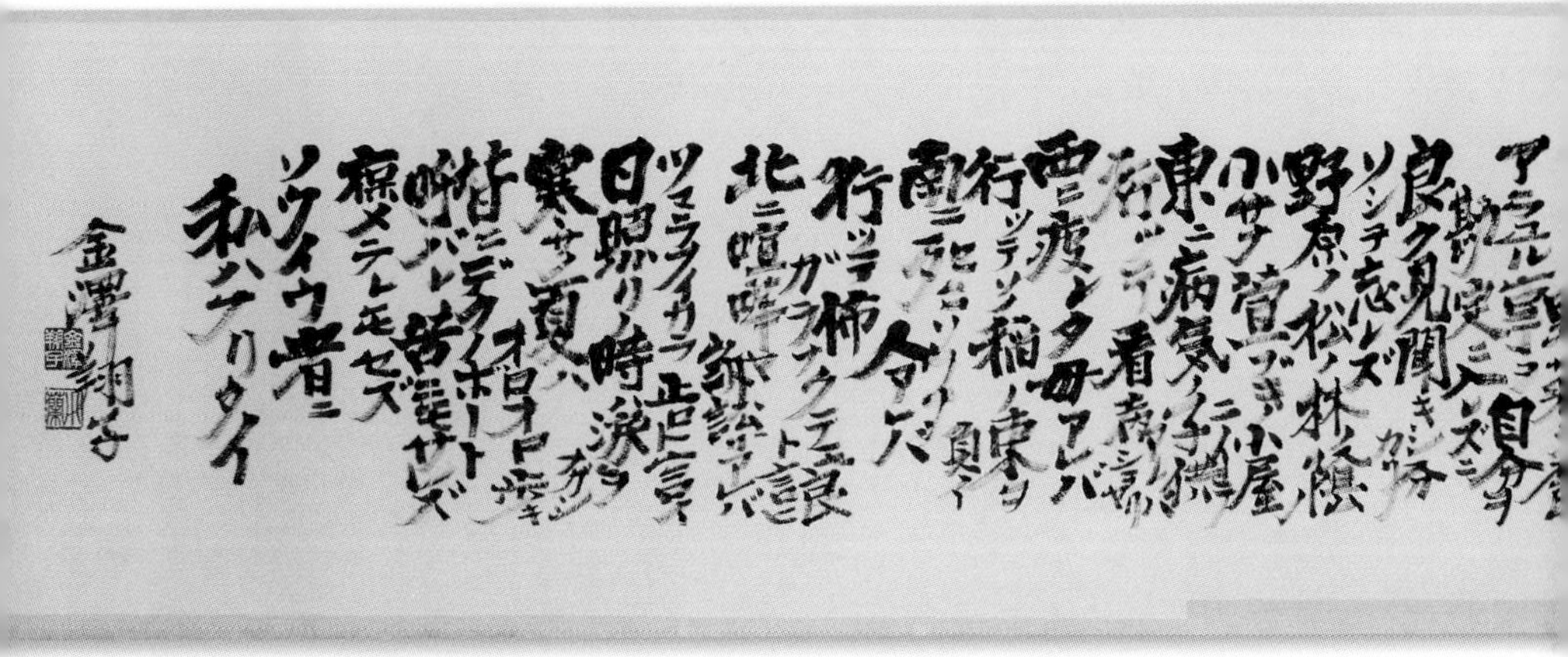

見て下さる人が沢山いたので、求めに応じて見せる様になった。今は四十年も書と関った親の字には、全く涙が無いのに、娘の書には大勢の人の涙を眼にする不思議に、親子共々感動して、毎日筆を取りながら、感謝の日々を送っている。といったことになるかと思う。

そんな金澤翔子さんの書を見た私は、棟方志功の書を前にした時の感動と同様のものを得た。棟方は柳宗悦に見い出された不世出の板画家だが、余技の書も「不二」の美が宿ると、柳に絶賛されている。その「不二」の美を、私は翔子さんの書にも感じたのだ……。「不二」の美は、「翔子は喜んでもらいたいという気持だけで書いており、心には何もないのです。人間が普通に持つお金とか出世とかの、欲望といったものがなく、只、無心に書いているのです」と母親が言う、只や無心の中に潜む境地、即ち「空」の境地が示す美で、私は彼女の書にも、それを感得したというのである。
　そんな美を観じて会場を出た私は、その書の美のことを伝えたくて、この稿を書くことにした。

　写真は彼女の書、「雨ニモ負ケズ」である。翔子さんの「不二」の美を感ずるには、大字の方が良いのだが、宮澤賢治の詩に引かれている私は、これを紹介品にした。
　金澤翔子さんの書を眼にする機会があったら、是非見て欲しく思う。

追伸
『別冊太陽』（平凡社）で『金澤翔子の世界』が出版されましたので、お知らせします。

Osamu Morimoto's Pottery ——

森本修氏の焼物

故郷である、
吉野の山や川を
器の色に託して

大学時代の同級生から、電話が入った。

「森本君が六月に、流山で個展を開くそうだから、展覧会を見がてら、何処かで一杯やろうよ」

という話だ。私はもちろん、二つ返事でOKした。

さて、このところ半年おきに会い、互いの無事を喜び合っている同級生と、森本君の個展会場へ行ったのは、六月三日の暑い日だった。我々は秋葉原駅から、つくばエクスプレスに乗って、流山おおたかの森駅で降りた。

そこから歩いて十分のところに、「陶芸工房ギャラリー・スタジオK《きいよ》」があった。小さな看板に、「森本修先生特別個展——吉野の十年を門下生のために」と書いてある。

それを見て私達三人は、大学を離れてから後の、森本君は幸福だったに違いないと思った。会場へ入ると大勢に囲まれて、森本先生がいた。私は大学卒業後、四十三年間で二度目の再会であるが、四十年ぶりと言っても良い位のことなので、とてもなつかしかった。

髪の毛がすっかり無くなって、年寄りっぽくなった私に比べ、森本先生はロマンスグレーで若々しく、学生時代の印象と少しも変わってなかった。会場ではゆっくり話も出来ないので、それぞれ彼の造った陶器を見たり、彼から説明を受けたりして時を過ごした。閉店の四時過ぎに、初めてお会いした森本君の奥さんと一緒に、記念写真を撮って、駅前の中華店へ行った。再会を祝して、年を取った同級生四人は、ビールで乾杯した。

写真はその再会の縁を作ってくれた、森本氏の焼物である。

森本氏は昭和四十六年、早稲田大学の文学部を卒業してすぐ、千葉県我孫子の陶芸家、岩村福之《ふくし》、同守氏に師事し、陶芸の道に入った。長年の研鑽の末、平成十四年に故郷の奈良に戻り、吉野川を望む山あいの地、国栖《くず》に窯を

築き国栖窯と名付け、今日まで「伝統的な技法を基に、自然の素材を加え、吉野の山や川を器の色に託した作品」（森本氏の言葉）を作り続けている。

　私が個展会場で求めた写真の品は、モーニングカップと盃と蓋付鉢である。三点共、森本氏らしい古風さと閑かさを、その色に滲じませ、半世紀近くも揺らがなかった実直な意志力の一端を、謹厳なその姿形に現わした、気持の良い品物だといえる。そんな作品の美点は、氏の人《ひと》と為《なり》を知るものには一目瞭然たるものがあるが……。兎にも角にも、私は一日も欠かすことの出来ない、コーヒーと酒、そして、私が晴れの日に食べるカツ丼や鮪丼や散らしずしの器に、森本氏の作品を加えられたことを、大いに喜んだ。

　しかし、それにしても、中華店での乾杯の後、森本氏から聞いた貧との戦いの話は身につまされた。これ等の品が、今も続くそんな生活の中から生まれたことも告白し、私は彼の作品の全てに、否、経済的に恵まれない工人の作る作品の総てに、「ナドテユタケシ貧シサ　ナクバ」という柳宗悦の詞を献げて、この稿を終ろう。

　とにかく、森本君、良くやった……。

Haruo Nanbu's Works

南部治夫氏の作品

孟宗竹で作られた生活道具と、傍らに置く道祖神

私は二〇一四年の初めに、南部さんの為に次の文を書いた。

『南部治夫《なんぶはるお》さんの作品』

南部さんが東京で個展を開くから推薦文を書いて欲しいと、展示作品の写真を送ってきた。私は正直言うと、南部さんの作品は、孟宗竹の根を削って、漆を塗った茶碗を数点見ただけである。だから今度も、同様の作品だろうと思っていた。ところが写真には、竹を素材にしてはいるが、普段の生活で使う、当り前の器ばかりが並んでいた……。

なるほど、私は何となく依頼の趣旨を理解した。それは柳宗悦が、その著『工藝の道』でいう『吾々に役立とうとてこの世に生まれた品々である』。それらを、南部さん専門の、木彫りの双体道祖神が微笑んで見ている。それらの様子に、私は尊い美の浄土を観た。推薦する所以である。」

南部さんは私の故郷の富山県出身で、武蔵野美術大学彫刻科を卒業して、今日まで多くの木彫の像を造ってきた。だから芸術家なのだが、芸術では飯が食えないので、漆塗りの工芸品も作ることにしたのである。

そのきっかけは、彼が住む呉羽山《くれは》という、富山県の中央を走る小高い山の裾野に、自生する沢山の孟宗竹を、伐採整理する事業に関ったからである。彼はその護美《ごみ》と化した大量の孟宗竹を前にして、器を造ることを思い立った。そして、初めは一見、粗削りな造形美を見せる根っこを使い、大振りの椀を作って、朱や黒の漆を塗ったのである。

三年前、南部さんと出合った時に、見せられた器類がそれ等の器で、抹茶を飲むための茶碗ということだったが、私はその折、姿は茶碗で悪くはないが、中に生じる茶筌の擦れ疵《きず》を、茶人に許してもらえるかが、問題だと指摘した。

今度の推薦文を書くにあたって、茶筌の問題はうまくいった？　と尋ねると、「肩肘を張らずに、普段の食べ物を入れる器を造ることにしました」という返事だった。そして、それを証明するかの様に、素材は同じ孟宗竹だが、皿やグイ呑やお絞り皿や箸や箸置や水呑や酒用片口等々の、普段使いの工芸品ばかりを、写した写真が送られてきたのである。

私はそれ等の写真を見て、先の推薦

文を書いたのだが、写真には気になる品が一点あった。子供の様に見える童顔の男女が、肩を抱き合って座っている像だ。私は電話で、これは何？と尋ねた。「双体道祖神です。ライフワークにしようと考え、彫っている木彫道祖神です」ということである。
そうか。南部さんは芸術では飯が食えないからと、人々の生活に役立てる工芸の道へ、シフトしつつあるが、何年も学んだ彫刻の技も捨て難いのだ‼だから今迄彫ってきた像の中から、人々の暮らしを守る道祖神を選んで、その微笑を何時も感じるよう、家の中に置く大きさで、木に彫ることを考えたのだ。
尊いことである。道祖神の微笑みの中にある日常の生活用品……。私は南部治夫さんの作るものが、また、悩ましい心の葛藤が、いつか仏の微笑に包まれることを、心底《しんそこ》願って推薦文を書くことにした……。

あとがき

二〇一〇年に世界文化社から『観じる民藝』を出版して、四年半後に晶文社から『民芸とMingei』を出版するといったことは、思ってもみないことでした。

これも皆、編集をして下さった足立恵美さんのお陰と思い、感謝しております。足立さんとは、私の最初の単行本、『愉快な骨董』を、やはり晶文社から出版していただいて以来の交際で、気心も知れてますので、今回も何の問題もなく、仕事はスムーズに進み、私は喜こびました。

私の本は、幼い子の絵日記のように、絵即ち写真が無いと、寝ぼけて発する寝言みたいに、何が何だか分からないものになる危険が、一杯なところがあります。しかし、その大事な急所を、カメラマンの大屋孝雄氏が、押えて下さってますので、私は何時も安心してます。

その御二人と、晶文社さん在っての、この本ですので、最後に心からの感謝と御礼の気持を捧げたく思います。

あっ、申し訳ない。誠に申し訳ない。それから今度の本の、表紙と全体のレイアウトを、して下さった矢萩多聞氏にも、感謝いたします。多聞さんは、インドを行き来して、京都に住んでいるという、新進気鋭の装幀家です。これを書いている今、その結果を全部見ていませんが、きっと素晴らしい鎧で、この本を守って下さるでしょう。私は一度お会いして、それを十分観じました。それから、この本を手にとって下さった方、読んでくださった方にも、御礼申し上げたく思います。

皆様、本当に有難う御座居ました。

尾久彰三

◆著者について
尾久彰三（おぎゅう・しんぞう）　一九四七年生まれ。古民芸研究家。早稲田大学大学院文学研究科美術史学科修士課程修了。二〇〇九年まで日本民藝館学芸員。武蔵野美術大学非常勤講師。近年はＮＨＫの骨董紀行「温故希林」の指南役として、樹木希林と共演している。著書に『愉快な骨董』『これは「骨董」ではない』『貧好きの骨董』（晶文社）、『丸ごと韓国骨董ばなし』（バジリコ）、『観じる民藝』（世界文化社）、共著に『日本民藝館へ行こう』（新潮社・とんぼの本）、監修に『柳宗悦の世界』（平凡社・別冊太陽）などがある。

民芸《みんげい》とMingei《みんげい》

二〇一四年一一月三〇日　初版

著者　尾久彰三

発行者　株式会社晶文社
東京都千代田区神田神保町一－一一
電話　〇三－三五一八－四九四〇（代表）
　　　　　　　　　　　四九四二（編集）
URL　http://www.shobunsha.co.jp

印刷・製本　ベクトル印刷株式会社

ISBN978-4-7949-6861-6 Printed in Japan